高校创业指导教师能力培养机制研究

崔莎莎 ◎ 著

华中科技大学出版社
http://press.hust.edu.cn
中国·武汉

内容简介

本书旨在探索创新创业教育人才培养规律，构建"三位一体"高校创业指导教师能力培养长效机制。本书通过对相关政策文本和学术文献的研究，剖析了高校创业指导教师能力培养现状与需求；通过对创业指导教师能力培养建设的内在因子和外在影响因素展开系统分析和重要性评估，确定了创业指导教师能力培养机制的关键影响因素；通过借鉴管理学领域相关理论和思想，厘清了关键影响因素与主体的内在联系，明确了政府、高校、企业协同培养机制建设过程中各主体的角色定位、职责属性和互动模式。结合高校创业指导教师能力培养的现状和需求，本书构建了高校创业指导教师能力培养模式的基本框架，明确了高校创业指导教师能力培养机制对创新创业教育高质量发展的重要价值。

图书在版编目(CIP)数据

高校创业指导教师能力培养机制研究 / 崔莎莎著. -- 武汉 : 华中科技大学出版社, 2024. 12.
ISBN 978-7-5772-1458-0

Ⅰ. G645.12

中国国家版本馆CIP数据核字第20253RR091号

高校创业指导教师能力培养机制研究　　崔莎莎 著
Gaoxiao Chuangye Zhidao Jiaoshi Nengli Peiyang Jizhi Yanjiu

策划编辑：肖丽华
责任编辑：江旭玉
封面设计：王　琛
责任校对：张汇娟
责任监印：周治超
出版发行：华中科技大学出版社(中国·武汉)　　电话：(027)81321913
武汉市东湖新技术开发区华工科技园　　邮编：430223
录　　排：华中科技大学惠友文印中心
印　　刷：湖北恒泰印务有限公司
开　　本：710mm×1000mm　1/16
印　　张：10　插页：1
字　　数：166千字
版　　次：2024年12月第1版第1次印刷
定　　价：88.00元

作者简介

崔莎莎 华中师范大学博士研究生，江汉大学教师，主要研究方向为创新创业教育、职业生涯咨询与辅导、教育经济与管理。全球生涯教练（BCC）、全球职业规划师（GCDF），KAB创业教育项目讲师，人力资源管理师。

长期从事大学生职业规划、就业创业的教学与研究，专注于大学生的职业发展与创新创业能力培养，具有扎实的创新创业理论功底和丰富的教育教学实践经验，获湖北省就业指导课程教学竞赛及武汉市教师五项技能竞赛三等奖等奖项。主持的科研项目先后获批湖北省教育科学规划专项重点课题、湖北省高等学校实验室研究项目A类等，出版多部教材。

前　言

大众创业、万众创新，是国家和社会发展的动力和源泉，也是富民之道、强国之策、公平之计，是深入实施创新驱动发展战略的重要支撑。高校是开展创新创业教育和培养大学生创业能力的主战场，高校创新创业教育承载着为大学生培育创新创业意识、塑造创新创业精神、启迪创新思维以及提升创新创业能力的重要使命。加强高校创新创业教育不仅是响应新技术和新产业蓬勃发展的时代呼唤，而且是推动国家经济转型升级、实现高质量发展的内在要求。高校创业指导教师作为知识的传播者、创业的引领者，其角色显得尤为重要。为了确保创新创业教育的有效实施与持续发展，构建一支专业化、高素质的师资队伍成为当务之急。这要求教师们具备深厚的专业知识，掌握前沿的教育理念与方法，引导学生探索未知、勇于实践。因此，全社会应当高度重视高校创业指导教师能力的发展。鉴于此，本书从以下三个方面展开研究。

第一，基于理论研究，探究创新创业教育理念和创业指导教师能力的内涵。本书聚焦创新创业教育理念，系统分析了创新创业教育的维度和内涵，涵盖理论基础、实践应用、制度框架以及政策支持等方面的内容，阐述了创新创业教育的核心理念与价值导向。在理论研究的基础上，本书深入剖析了创业指导教师需要具备的核心能力。

第二，基于实证研究，探析高校创业指导教师能力的影响因素。本书从宏观层面和微观层面探讨了创业指导教师能力的影响因素。在宏观层面，分析高校创新创业教育的整体情况；在微观层面，分析高校创业指导教师能力的内涵及其影响因素，分析高校创业指导教师的总体能力水平，将教师创新创业能力细分为四个维度并进行深入探讨。

第三，基于案例研究，探讨地方高校创新创业实施方案。通过分析多所高校的创新创业实施方案，包括课程体系建设、实践平台建设、师资队伍建设、政策保障等，借鉴成功案例，提炼共性经验和特色做法，为我国高校制定科学合理的创新创业教育方案提供参考。

本书分为八章。第一章是创新创业教育的政策背景，分别介绍了创新创业教育的国家宏观政策，以及创业指导教师队伍建设和示范平台政策。第二章是高校创业指导教师能力概述，分别从创业指导教师能力的内涵、文献综述及创业指导教师能力的理论基础三个方面进行阐述。第三章阐述了高校创业指导教师能力培养的意义、背景、新趋势。第四章是研究设计，对研究方法进行了描述，对研究框架做了介绍。第五章基于实证调查，从高校创新创业教育整体情况（宏观层面）和高校创业指导教师能力维度（微观层面），进一步探讨了高校创业指导教师能力的影响因素。第六章分析如何构建高校创业指导教师能力培养平台，从构筑示范性高校创业指导师资能力培养基地和整合资源并完善创新创业教育网络两个方面进行讨论。第七章介绍了创业指导教师能力培养的国际经验，探讨了英国、美国、欧盟等构建创业指导教师能力培养体系的途径。第八章总结了高校创业指导教师能力培养策略，从高校创业指导教师能力培养的理念、目标与内容入手，探究高校创业指导教师能力培养路径，以及相关的保障机制。

本研究基于2024年7月从多所高校获取的创业指导教师的调查数据，从宏观层面和微观层面进行了实证分析。主要研究发现包括：①从宏观层面样本学校创新创业教育整体情况来看，学校为创新创业教育提供的政策支持较为完善，在不同类型的学校，教师最高学历、教龄、职称、职务、所教学科的师资构成情况均有不同；②从微观层面高校创业指导教师能力及其影响因素来看，创业指导教师在学历、职称方面存在较明显的差异，创业指导教师个体特征、相关教育背景、创新创业经历，以及学校关于创新创业教育的相关政策，是影响教师创新创业能力的重要因素。上述结论为我们思考在新的时代背景下如何提高高校创业指导教师能力提供了重要启示。

本书是湖北省教育科学规划2022年度专项资助重点课题“高质量教育背景下高校创业指导教师能力培养机制研究”(2022ZA05)成果之一。本书的出版得到了华中科技大学出版社的鼎力支持，在此向相关工作人员致以诚挚的谢意。书中选取的很多案例和数据来源于全国大学生创业服务网、中国国际“互联网+”大学生创新创业大赛官方网站等，这些案例和数据丰富了本书的内容，为理论研究提供了实证依据。笔者在此对这些案例、数据的提供者以及相关单位表示诚挚的感谢。

由于笔者水平有限，书中难免有疏漏和不足。恳请广大读者提出宝贵意见，以便笔者对本书做进一步改进。

目　　录

第一章 创新创业教育的政策背景

第一节　有关创新创业教育的国家宏观政策

自20世纪末以来，我国陆续推出了一系列与高校创新创业教育紧密相关的政策。以这些关键政策的发布时间为分界点，我们可以大致将高校创新创业教育的发展历程划分为三个阶段，分别是萌芽初创阶段、试点实施阶段、推进转型阶段。

一、萌芽初创阶段(1989—2001年)

早在1989年11月底至12月初，联合国教科文组织在北京召开的“面向21世纪教育”国际研讨会就提出了“创业教育”的概念。在政府正式出台相关政策之前，1988年，首届清华大学学生创业计划大赛成功举行，吸引了全国超过1.6万名学生报名参赛，这也是亚洲范围内的首个大学生创业竞赛。这标志着创新创业教育正式开始实施。[①] 最早将创新创业教育纳入政策规划的是教育部

①杨冬.我国高校创新创业教育政策变迁的轨迹、机制与省思[J].高校教育管理，2021（5）：90-104.

于1998年12月发布的《面向21世纪教育振兴行动计划》，提出了全面推进教育的改革和发展、提高全民族的素质和创新能力的计划方针，明确指出，“瞄准国家创新体系的目标，培养造就一批高水平的具有创新能力的人才……加强对教师和学生的创业教育，鼓励他们自主创办高新技术企业”。1999年5月，教育部、中央组织部、人事部、中央机构编制委员会办公室、财政部联合发布《关于进一步做好1999年普通高等学校毕业生就业工作的意见》，鼓励和支持高校毕业生通过到非国有制单位就业或自主创业来实现充分就业。2000年1月，教育部印发《关于贯彻落实〈中共中央、国务院关于加强技术创新，发展高科技，实现产业化的决定〉的若干意见》，指出高校要提高技术创新水平，加快科技成果转化，强调高校和企业之间要有机联动，鼓励开展校企合作，允许大学生休学进行自主创业，学生在休学期间保留学籍。

总体来看，这一时期的创新创业教育仍处于起步阶段，相关制度安排零星地嵌入国家宏观教育政策之中。创新创业教育政策的具体实施措施相对较少，缺乏包含具体规范的创新创业教育发展战略和政策文件的引导。

二、试点实施阶段（2002—2009年）

为了促进经验交流和探索创新创业教育的规律，教育部于2002年启动了创业教育试点工作，指定了中国人民大学、清华大学、北京航空航天大学、黑龙江大学、上海交通大学、武汉大学等高校作为创业教育的试点院校，这标志着在政府政策指导下，高校创新创业教育的探索与实践正式展开。在试点期间，创新创业教育逐渐发展为培养学生创新意识、创造精神和创业能力的理念，这一理念贯穿于课堂理论教学和课外实践活动，形成了能力素质型、商业化运作型、知识与实践相结合的综合型三大校本模式。2004年，劳动和社会保障部与教育部发布了《关于在部分高等院校开展“创办你的企业”(SYB)培训课程试点的通知》，在37所有创业教育基础的高等学校、高职院校中开展大学生“创办你的企业”(Start Your Business，SYB)培训课程试点，专业化成为创业教育课程的发展方向。2005—2006年，共青团中央、中华全国青年联合会与国际劳工组织发起了KAB(Know about Business)创业教育（中国）项目，通过培训教师、开设课程、编写教材、成立创业俱乐部等途径探索特色化的创业教育道路。2007年，教育部印发《大学生职业发展与就业指导课程教学要求》，将创业教育纳入高校课程教学计划和学生职业发展与就业指导板块，并就下设的教学目标、内容和方法做出了规定性说明。2009年，教育部和财政部根据高校本科教学质量与教学改革工程建设要求，发布了《关于批准2008年度人才培养模式创新实验区建设项目的通知》，认证了32个创新创业教育类人才培养模式创新实验区，着力构建高质量、多样化的创新创业人才培养体系。

总体而言，这一时期的试点政策的实施标志着高校创新创业教育走上了制度化实践和规范化发展的道路，初步形成了多部门共同扶持、联合推进的格局。创新创业教育的内容设计渐趋精细化且更具针对性，涉及教学计划调整、专业化课程教学、教师培训、人才培养体系创新等层面，形成了政府引导与高校实践的互动样态。然而，关于创新创业教育的理性认知和实践经验不足。这一时期的创新创业教育政策设计和实践进展相对有限，其在范围上主要面向少数办学综合基础和条件优越的高校，在目标上具有明显的提升大学生就业技能、以创业带动就业的政策导向，在整体上从属于就业教育。更重要的是，这一时期的创新创业教育政策缺乏对创新教育与创业教育两个概念的有机整合及制度性确认，以创业教育为核心焦点，创新教育总体上附属于创业教育，创新创业教育及其政策有待进行科学化、规模化、体系化建构。

三、推进转型阶段（2010年至今）

2010年，人力资源和社会保障部印发《关于实施大学生创业引领计划的通知》，指导思想为贯彻落实党中央、国务院促进以创业带动就业的战略部署，坚持政府促进、社会支持、市场导向、自主创业的基本原则，发挥政府部门、公共服务机构和高等学校的职能作用，调动社会各方面力量，采取一系列鼓励、引导和扶持措施，强化创业意识，提升创业能力，改善创业环境，健全创业服务，引导和带领一大批大学生通过创业实现就业；主要任务为开展大学生创业培训（实训），对大学生创业给予政策扶持，为大学生创业提供指导服务，为大学生创业提供孵化服务等，建立不同阶段大学生创业的多方位、阶梯形的创业服务体系。

同年，教育部印发《关于大力推进高等学校创新创业教育和大学生自主创业工作的意见》，从高校入手，在创新创业教育的课程架构、师资队伍、基地建设、创业指导等方面提供了详细的政策规划，对高校和相关政府部门提出了具体的工作要求。

为了配合和促进这一政策的实施，教育部又印发了《关于成立2010—2015年教育部高等学校创业教育指导委员会的通知》，规定创业教育指导委员会的主要任务包括：组织和开展创业教育的理论与实践研究；指导高等学校创业教育的课程建设、教材建设、教学内容改革，指导高等学校开展创业实践活动等工作；组织开展创业教育师资培训、经验交流，宣传推荐创业教育优秀成果等。

2012年，教育部制定了《普通本科学校创业教育教学基本要求(试行)》，明确指出要充分整合校内教育资源，组织开展灵活多样的创业讲座、创业训练、创业模拟、创业大赛等活动，积极创造条件，支持学生创办并参加创业协会、创业俱乐部等社团活动；充分利用校内外资源，依托校企联盟、科技园区、创业园区、创业项目孵化器、大学生校外实践基地和创业基地等，开展学习参观、市场调查、项目设计、成果转化、企业创办等创业实践活动；高等学校应创造条件，面向全体学生单独开设“创业基础”必修课，依据《“创业基础”教学大纲（试行）》，将创业基础课程纳入高校教学计划。

2015年1月，科技部发布的《关于进一步推动科技型中小企业创新发展的若干意见》提出，鼓励科研院所、高等学校科研人员和企业科技人员创办科技型中小企业，建立健全股权、期权、分红权等有利于激励技术创业的收益分配机制；支持高校毕业生以创业的方式实现就业，对入驻科技企业孵化器或大学生创业基地的创业者给予房租优惠、创业辅导等支持。

2015年3月,国务院发布的《关于发展众创空间 推进大众创新创业的指导意见》提出，加快构建众创空间，为广大创新创业者提供良好的工作空间、网络空间、社交空间和资源共享空间；降低创新创业门槛，有条件的地方政府可对众创空间等新型孵化机构的房租、宽带接入费用和用于创业服务的公共软件、开发工具给予适当财政补贴；鼓励科技人员和大学生创业，推进实施大学生创业引领计划，鼓励高校开发开设创新创业教育课程，建立健全大学生创业指导服务专门机构，加强大学生创业培训，整合发展国家和省级高校毕业生就业创业基金，为大学生创业提供场所、公共服务和资金支持，以创业带动就业。

2015年5月，国务院印发《关于深化高等学校创新创业教育改革的实施意见》，从完善创新创业教育课程建构、变革教学方式、强化创新创业实践等方面，对高校的创新创业教育做了进一步的要求，并指出，要健全创新创业教育课程体系，根据人才培养定位和创新创业教育目标要求，促进专业教育与创新创业教育有机融合，调整专业课程设置，在传授专业知识过程中加强创新创业教育，面向全体学生开发开设研究方法、学科前沿、创业基础、就业创业指导等方面的必修课和选修课，纳入学分管理，建设依次递进、有机衔接、科学合理的创新创业教育专门课程群；探索建立校校、校企、校地、校所以及国际合作的协同育人新机制，鼓励高校与企业联合开发创业培训项目，多方协同的态势开始形成。

2015年6月，国务院印发的《关于大力推进大众创业万众创新若干政策措施的意见》指出，“目前，我国创业创新理念还没有深入人心，创业教育培训体系还不健全，善于创造、勇于创业的能力不足，鼓励创新、宽容失败的良好环境尚未形成”，提出要“坚持政策协同”，“加强创业、创新、就业等各类政策统筹，部门与地方政策联动，确保创业扶持政策可操作、能落地”，“鼓励有条件的地区先行先试，探索形成可复制、可推广的创业创新经验”，“把创业精神培育和创业素质教育纳入国民教育体系，实现全社会创业教育和培训制度化、体系化”，“加快完善创业课程设置，加强创业实训体系建设”。

同年9月，科技部发布的《关于印发〈发展众创空间工作指引〉的通知》提出，“积极与高校合作，开展针对大学生的创业教育与培训，引导大学生科学创业”，“鼓励众创空间开展各类公益讲堂、创业论坛、创业训练营等活动，建立创业实训体系”，“充分发挥市场配置资源的决定性作用，以社会力量为主，采用市场化机制发展众创空间”，企业在创新创业中的作用日益受到重视。

2016年11月，教育部发布《关于建设全国万名优秀创新创业导师人才库的通知》，指出全国万名优秀创新创业导师人才库由各地各高校推荐的各行各业优秀创新创业人才、具有较高理论水平和实践经验的高校教师组成，旨在集聚优质共享的创新创业导师资源，切实发挥导师的教育引导和指导帮扶作用，提高创新创业教育的针对性、时代性、实效性，增强大学生的创新精神、创业意识和创新创业能力，提高人才培养质量，努力造就大众创业、万众创新的生力军；鼓励各地区高校积极推荐各行各业优秀的创新创业人才，后期通过筛选和审核，组建全国性的创新创业导师人才库，切实发挥导师对大学生创业的帮扶作用，培养具有创新精神、创新意识和创业实践能力的大学生队伍。

2017年7月，国务院出台《关于强化实施创新驱动发展战略 进一步推进大众创业万众创新深入发展的意见》，提出“以人才支撑为第一要素，改革人才引进、激励、发展和评价机制，激发人才创造潜能，鼓励科技人员、中高等院校毕业生、留学回国人才、农民工、退役士兵等有梦想、有意愿、有能力的群体更多投身创新创业”，“加强科研机构、高校、企业、创客等主体协同，促进大中小微企业优势互补，推动城镇与农村创新创业同步发展，形成创新创业多元主体合力汇聚、活力迸发的良性格局”。在政策的引领和推动下，政府、高校、企业三个主体共同发力，协同作用于高校创新创业教育的发展。

2019年3月，教育部颁布《关于做好深化创新创业教育改革示范高校2019年度建设工作的通知》，提出建设创新创业教育优质在线开放课程、建设“专创融合”特色示范课程、开展师资培训活动、开展“青年红色筑梦之旅”活动等，将课程体系和师资队伍作为高等学校创新创业教育的重点改革对象，努力推动高校将创业教育与传统的专业教育、思政教育、职业教育三种教育体系相结合，建设具有中国特色的高校创新创业教育新体系。

2019年7月，为贯彻落实全国教育大会和新时代全国高等学校本科教育工作会议精神，根据国务院发布的《关于深化高等学校创新创业教育改革的实施意见》等有关文件精神，教育部印发了《国家级大学生创新创业训练计划管理办法》，提出要用好大学生创新创业教育的“自然科学基金”，重点支持直接面向大学生的内容新颖、目标明确、具有一定创造性和探索性、技术或商业模式有所创新的训练和实践项目，全面推进高校创新创业教育深化改革，培养高水平的创新创业人才。

从2010年至今，教育部发布的全国普通高校毕业生就业（创业）工作的通知，也对高校创新创业教育工作做出了详细安排，如表1.1所示。值得注意的是，从2014年开始，教育部在上述文件名称中增加了“创业”二字，反映了教育行政主管部门对高校创新创业教育工作的关注和重视。同时，国务院在其发布的有关做好高校毕业生就业（创业）工作的通知中，亦对高校创新创业教育工作做出了部署。

表1.1　教育部就业(创业)文件中推进创新创业教育的措施概览发布时间

时间	文　　件	推进高校创新创业教育的主要措施
2010年	《关于做好2011年全国普通高等学校毕业生就业工作的通知》	全面开展创新创业教育和创业实践活动
2011年	《关于做好2012年全国普通高等学校毕业生就业工作的通知》	全面加强创新创业教育和创业基地建设
2012年	《关于做好2013年全国普通高等学校毕业生就业工作的通知》	普遍开展创新创业教育和实践活动
2013年	《关于做好2014年全国普通高等学校毕业生就业工作的通知》	加强创业教育和创业服务
2014年	《关于做好2015年全国普通高等学校毕业生就业创业工作的通知》	全面推进创新创业教育和自主创业工作
2015年	《关于做好2016届全国普通高等学校毕业生就业创业工作的通知》	着力加强创新创业教育和自主创业工作
2016年	《关于做好2017届全国普通高等学校毕业生就业创业工作的通知》	深入推进创新创业教育和自主创业工作
2017年	《关于做好2018届全国普通高等学校毕业生就业创业工作的通知》	深化高校创新创业教育改革
2018年	《关于做好2019届全国普通高等学校毕业生就业创业工作的通知》	全面深化高校创新创业教育改革
2020年	《关于应对新冠肺炎疫情做好2020届全国普通高等学校毕业生就业创业工作的通知》	强化线上就业创业指导
2020年	《关于做好2021届全国普通高校毕业生就业创业工作的通知》	持续推进创业带动就业
2021年	《关于做好2022届全国普通高校毕业生就业创业工作的通知》	促进创新创业带动就业

续表

时间	文　　件	推进高校创新创业教育的主要措施
2022年	《关于做好2023届全国普通高校毕业生就业创业工作的通知》	促进高校毕业生多渠道就业创业
2023年	《关于做好2024届全国普通高校毕业生就业创业工作的通知》	完善高校毕业生就业创业服务体系

在这一阶段，创新创业教育政策的整体目标是从理念到实践实现突破，并解决瓶颈问题，以促进教育的转型发展、体系完善和质量提升。一是政策遵循国家创新驱动发展战略和“大众创业、万众创新”的政府顶层设计，强调创新与创业的整合性与一体性。政策重视创新的基础性地位和作用，推动创新性的创业教育和实践活动，并将创新创业人才培养作为教育的基本目标。二是政策推动政府、高校和社会的协同联动，构建创新创业教育的治理体系和运行机制，特别加强对社会机构和企业组织参与创新创业教育的制度性支持。通过政策宏观引导，深化平台建设、项目孵化、校企合作和产教融合，整合各利益相关者的资源优势，形成政府、高校和社会三螺旋合作育人模式。三是政策致力于完善面向全体、分类发展、融合专业、实践导向的创新创业教育可持续发展体系和人才培养体系。一方面，深化示范高校引领创新创业教育的分类化和特色化实践；另一方面，优化创新创业学分制、导师制、教师业绩和学生学业评价体系，同时优化课程体系、教学模式、项目竞赛、教师培训、孵化基地、实践平台等关键要素，以确保创新创业教育的内涵建设和质量提升，建设符合国家战略和社会需求的高质量创新创业教育体系。

总体来看，创新创业教育政策的演变经历了一个螺旋上升的过程，这一过程主要是由外部行政力量的干预所驱动，表现为一种自上而下的政策制定。这不仅涉及政策形态从分散嵌入到专门设立的转变，以及从零散到系统化的规范构建，而且涉及政策影响范围从少数高校扩展到所有高校的制度性重塑，包括发展主题、内容和方式的持续创新与升级。政策的连续演进在顶层设计层面为创新创业教育的持续推进提供了战略方向和行动策略，同时在实践层面对高校创新创业教育的实施路径和方法选择施加了宏观的制度性规范和约束。这些政策变迁成为推动创新创业教育作为高校改革和发展的新理念与范式，逐步实现规范化、普及化和高质量发展的重要保障。

第二节　创业指导教师队伍建设和示范平台政策

为深化创新创业教育改革，政府积极推动一系列示范性项目，相继开展全国高校实践育人创新创业基地、大众创业万众创新示范基地、全国万名优秀创新创业导师人才库、深化创新创业教育改革示范高校、全国创新创业典型经验高校等建设项目，旨在培育可复制、可推广的创新与创业模式，以及积累典型经验。

在创业指导教师队伍建设方面，教育部贯彻《国务院办公厅关于深化高等学校创新创业教育改革的实施意见》精神，在各地各高校创新创业导师人才库的基础上，建设全国万名优秀创新创业导师人才库。2016年11月，教育部发布《关于建设全国万名优秀创新创业导师人才库的通知》，启动全国万名优秀创新创业导师人才库建设工作。2017年底，教育部发布《关于公布全国万名优秀创新创业导师人才库首批入库导师名单的通知》，公布全国万名优秀创新创业导师人才库首批入库导师名单，确定4492位创新创业教师为首批入库导师，并要求各高校结合实际，充分利用全国万名优秀创新创业导师人才库资源优势，切实发挥入库导师作用，不断提升创新创业教育工作水平，全面提高人才培养质量。

高校是创新创业人才培养的主阵地。教育部主导建设的全国高校实践育人创新创业基地自2015年开始，到2017年，连续遴选三批共计152家包括学校主导型、政府主导型以及企业主导型三类全国高校实践育人创新创业基地。其中，高校主导型基地占多数。高校实践育人创新创业基地的宗旨是，坚持育人为本、德育为先、以文化人，积极推动高校实践育人深入开展，形成党委统筹部署、政府扎实推动、社会广泛参与、高校着力实施的实践育人新格局，推动实践育人工作制度化、常态化、科学化。

2017年初，教育部遴选首批深化创新创业教育改革示范高校，确定北京大学等99所高校为全国首批深化创新创业教育改革示范高校，要求这些示范高校进一步深入推进创新创业教育改革，切实发挥好示范引领作用；各省级教育行政部门和各高等学校要认真学习借鉴示范高校的好做法、好经验，扎实推进本地本校创新创业教育改革工作，努力增强学生的创新精神、创业意识和创新创业能力，全面提高教育教学水平和人才培养质量。

2016—2019年，教育部每年遴选50所全国创新创业典型经验高校。4年间，共有200所高校入选。教育部要求入选高校发挥典型引领作用，推动全国高校进一步深化创新创业教育改革，不断提升创业指导服务工作质量和水平，有效促进以创新引领创业、以创业带动就业。同时，教育部要求各地、各高校要认真组织学习、借鉴典型经验高校的经验和做法，结合自身实际，不断改进工作方式，努力创新工作机制，切实推进大学生创新创业工作。

第二章 高校创业指导教师能力概述

创新创业教育是促进国家经济增长和技术变革，推动创新驱动发展战略，提升国家核心竞争力的关键。作为创新创业教育的主阵地，高校担负着培养高质量创新创业人才的主要任务。高校创业指导教师作为培养创新创业人才的中坚力量，其能力和水平是提高高校创新创业教育质量的重要要素，也是高校创新创业教育取得成功的关键要素。高校创业指导教师的能力建设工作涉及多维度、综合性的内容。他们不仅需要具备具体、扎实、系统的专业知识，过硬的教学和实践操作能力，而且需要拥有将科学研究转化为创新创业实践指导的能力。

第一节 高校创业指导教师能力的内涵

党的十八大以来，国家不断深化高校创新创业教育改革，修订创业教育人才培养方案，加强创业指导教师队伍建设，构建创业实践训练体系。2016年11

月，教育部开始了全国万名优秀创新创业导师人才库建设工作，要求加快建设一支职业化、专业化、专家化的就业创业指导工作队伍，高校要充分利用导师人才库资源优势，提升高校创新创业教育工作水平，提高人才培养质量，有效促进以创业带动就业，发挥创新创业对促改革、稳就业、强动能的带动作用。

高校创业指导教师指从事创新创业教育工作的教师。当前，在我国大部分高校，创业指导教师队伍由三类教师构成：一是具有经济学、管理学、金融学教学背景的专业教师，他们拥有比较系统的企业管理和运营等方面的知识；二是从事创业管理的行政人员和辅导员，他们主要负责和组织创新创业第二课堂；三是热衷于培养大学生创业能力的企业创始人、投资人等，他们的创业实践经验比较丰富，熟悉企业的运作和管理。高校创业指导教师既需要拥有系统的有关创业教育的理论知识，也需要具备创新创业实践经验。自20世纪末以来，有很多学者对高校创业指导教师能力的内涵进行了研究，大多数学者都认为高校创业指导教师的能力包含知识、技能和品质等。笔者对这些研究成果进行梳理，认为高校创业指导教师能力的内涵包含五个维度：创业专业知识、创业教学能力、创业指导能力、创业实践能力、职业素养。

一、创业专业知识

创新创业教育强调理论知识与社会实践的高度融合，突出创新意识与创业能力的培养，涉及管理学、金融学、社会学、会计学、法学等多个学科，体现了多学科之间的交叉与融合，具有很强的实践性。目前，很多高校将创新创业教育与学科专业教育融合，建立了以创新创业思维训练为核心、基于不同学科分类的创新创业教育体系，注重创新创业知识与专业知识的整合。

高校创业指导教师是开展创新创业教育的主力军，这要求从事创业指导教育工作的教师不仅需要具备系统和完整的教育理论知识，而且需要具备相关的学科专业知识。其中，学科专业知识主要包括经营管理知识、财税知识、创业工具或方法、政策法规知识、人际交往方法等。创业指导教师需要掌握创业企业融资的方法，熟悉银行、非银行金融机构信贷业务流程，还要具备科学研究能力，在指导创业项目的过程中，结合创业者遇到的比较专业的问题，指导创业者进行文献检索，以获得所需的资料。此外，创业指导教师还要指导创业者学会研究并分析问题，迅速抓住问题的难点、重点，挣脱传统条条框框的束缚，透过现象看问题。

二、创业教学能力

2012年8月，教育部制定了《普通本科学校创业教育教学基本要求(试行)》，要求高校把创业教育教学纳入学校改革发展规划，纳入学校人才培养体系，纳入学校教育教学评估指标，制定专门教学计划。创业教育的教学方法以课堂教学为主渠道，以课外活动、社会实践为重要途径。同时，教育部规定，教育教学内容以教授创业知识为基础，以锻炼创业能力为关键，以培养创业精神为核心。创业教学能力指的是创业指导教师有效完成创业教学活动的本领，是创业指导教师对整个创业教学过程的驾驭能力。创业指导教师应具备的创业教学能力主要包括以下几项内容：在仔细研读专业人才培养方案、深入剖析创业教育课程教学大纲的基础上，对教学过程进行系统规划，在分析学生特点、教学目标、学习内容、学习条件的基础上统筹全局，提出具体的创业教学方案；编撰授课计划，制定详细完整、可操作性强的教案，并根据实际授课情况，及时调整教学策略，改进教学方法。

三、创业指导能力

创业指导能力指的是高校创业指导教师以开发学生的创业综合素质为主要目标，以解决学生创业问题为导向，来引导学生成为现代创业者的一种能力。创业指导与服务是学校课堂教育的延伸。高校创业指导教师应搭建好创业平台，整合创业资源，为有创业想法、积极投身创业实践的学生提供创业所需的市场信息、融资辅导、创业咨询、创业培训与诊断等创业服务。目前，大多数学生缺乏丰富的社会阅历，在选定创业项目、拟定创业计划、筹集创业资金、办理创业手续、进行创业经营管理等环节都需要创业指导教师的精心指导。因此，高校创业指导教师应在熟知创业基本知识和流程，具备丰富的创业经验和创业技能的基础上，创新创业指导方法，为学生提供个性化的教育与指导，让学生在创业过程中少走弯路。

四、创业实践能力

创新创业教育是应用导向型教育，具备很强的实践性和创新性。高校创业指导教师要根据社会经济发展的实际情况，以开放协调建设为理念，加强自身的创业实践能力，加强实践教学过程中的模式创新，参与高校创新创业实践基地建设，引导学生主动参与创业实践。

创新创业实践活动内容非常丰富，既包括创新创业讲座、创业沙龙、创业学术科技活动宣讲等面向全体学生的创新创业活动，也包括创新创业竞赛，如“挑战杯”全国大学生课外学术科技作品竞赛、中国国际“互联网＋”大学生创新创业大赛等。高校创业指导教师要能及时对大学生进行指导，能够策划并组织创新创业比赛或创业活动，让创业者有更多的机会获得锻炼。优秀的创业指导教师应该是“学者＋企业家”型、能讲能做的“双师型”人才，对如何挖掘创业机会，如何组建、经营、管理企业，如何防控创业风险了如指掌，熟悉创业流程，精通企业经营知识，具有创业实践能力。唯有如此，高校创业指导教师才能在学生创业的过程中做好领路人。

五、职业素养

高校创业指导教师在创业教育过程中扮演着创业教育的组织者、教育者、指导者、引导者及服务者等多重角色，肩负着引导学生树立正确的创业理念、掌握基本的创业知识、熟悉创业的流程和方法、了解与创业有关的政策规定、提高社会责任感等重任。这就是要求高校创业指导教师具备基本的职业素养、丰富的创业和实践经验、良好的语言表达能力和人际交往能力，还要具备创新意识和创业精神。

高校创业指导教师基本的职业素养体现为热爱教育事业，拥有爱心和责任心，愿意付出精力和时间来指导学生创业。高校创业指导教师的创新意识和创新能力对大学生形成创业思维具有重要的启迪作用。高校创业指导教师应该多角度、多渠道提高自身的教育创新能力，通过教育内容、教育方法、教学案例设计、教育形式的创新，点燃学生创业的激情。在进行创业教育的过程中，高校创业指导教师要敢于打破常规，勇于探索，不循规蹈矩，求新求异，激发学生的“创新、创意、创富”等创业理念，引导学生运用创新思维找到多种解决方案，研究创业规律，适应创业局势的新变化，融合创新艺术，洞察市场发展趋势，开创行业新局面。

第二节　文献综述

一、关于创新创业教育理论的研究

“创新创业教育”是近20年来出现的一个理论名词，也是一个政策概念，然而，对于什么是创新创业教育这个问题，目前学者们还没有给出明确的答案。朱家德在《创新创业教育概念发展与内涵探讨》[①]一文中，对“创造型人才”“创新人才”“创业人才”和“创新创业人才”等概念进行了研究，认为“创造型人才”和“创新创业人才”在内涵上没有本质区别，它们都是为满足社会主义早期国家现代化建设需要而培养出来的人才。有学者将创新创业教育的现实状况和跨学科的人才培养实践有机地联系起来，指出创新创业教育本质上是一种交叉学科的教学，它以交叉学科为基础，通过交叉学科的手段、方法和途径，培养具有交叉学科素养的人，以此解决某些复杂的科学和社会问题。为进一步明确新的经济形势下高校创新创业教育的内涵，《新经济时代高校创新创业教育内涵思考与实践》[②]一文从哲学角度对高校创新创业教育进行了必要的分析，并提出了构建创新创业教育制度、模式和机制的思路，将辩证与实际有机地结合起来。基于对这一内涵的理解，高校要结合新时期的经济与产业

①朱家德. 创新创业教育概念发展与内涵探讨[J]. 赣南师范大学学报，2024（1）：94-100.

②于常武，刘伟东，李苓. 新经济时代高校创新创业教育内涵思考与实践[J]. 中国教育技术装备，2024（2）：149-152.

发展需求，科学地制订人才培养方案，构建产教融合基地，构建校企合作的人才培养模式，对教师进行全方位的培训，以此提升学生的实际应用与创新能力。

构建基于协作创新的高校创新创业教育体系，既能推动高等教育的转型与发展，又能高效整合优质教育资源，对实现人才培养目标、培养高素质“双创”人才有重大实践价值。基于此，《协同创新视角下高校创新创业教育体系构建研究》[①]提出，高校应深刻认识“双创”的内涵，厘清其基本理念，并在此基础上，充分发挥政府引导、企业传导和高校主导作用，通过政校合作培养“双创”高素质复合型人才，服务于建设创新型国家的战略需求。在国家发展战略的指导下，大学创新创业教育服务区域经济的必要性与日俱增，创新创业教育与区域经济发展相结合可以有效地聚集资源，促进创新，增加就业，吸纳更多的人才、资本、技术，以此来促进产业结构的优化和升级，提高地区整体的竞争力和影响力。创新创业教育是推动区域经济发展的重要力量，也是区域经济长远发展的重要保证。

二、关于创新创业教育实践探索的研究

在社会经济迅速发展的背景下，大多数高校都采用了产学研相结合的教学模式。王佳、李莉在《产学研合作教育模式下的创新创业教育机制构想》[②]一文中，对产学研合作教育模式的内涵、特点进行了分析，从三个层次探讨了产学研合作教育模式的作用，进一步论证了产学研合作教育模式在大学生创新创业教育中的重要作用，为我国大学生创新创业教育的改革提供了借鉴。

创新创业教育要紧密与现实生活相结合，思想政治工作是二者之间的桥梁。马一鸣、霍楷针对“双创”教育与思想政治教育的结合，以“高校创新创业教育与课程思政深度融合改革研究与实践”[③]为题，对当前高校将大学生创新创业教育与课程思政深度融合的现状进行了剖析，并提出了具体的实施方

①李梦 . 协同创新视角下高校创新创业教育体系构建研究[J]. 吉林农业科技学院学报，2024（3）：60-63.

②王佳，李莉 . 产学研合作教育模式下的创新创业教育机制构想[J]. 西部素质教育，2017，3（6）：94.

③马一鸣，霍楷 . 高校创新创业教育与课程思政深度融合改革研究与实践[J]. 创新创业理论研究与实践，2023（11）：75-81.

案。两位学者通过对国内高校大学生创新创业教育与课程思政的结合情况进行分析，指出了在高校中实施创新创业教育和课程思政融合的必要性。在这篇文章中，作者首先提出了“观念—目的—方法—内容”四个方面的创新设置，然后从顶层设计、制度保证、机制健全和平台构建四个层面进行了探索性研究，最后建立了基于学生、教师和第三方的“三位一体”评估平台，确保了课堂教学的有效性。石臣磊、李盛泽、张思佳在《课程思政背景下后现代教育理论对高校创新创业教育效果影响的研究》[①]中，以课程思政理念为导向，提出了“后现代教育理论”和“后现代教育理论的过程性”概念。在后现代教育理论概念的引导下，作者通过对思政案例的整合，构建了过程性教学情境，这对于培养“双创”精神，促进大学生增强自我认知，激发大学生的创新创业思维，激励他们组建“双创”团队，实现创新创业的价值具有重要意义。

除此之外，地方高校校内培育和支持也是创新创业教育发展不可或缺的。教育是立国之本，科技创新又是推动国家经济发展的重要生产力。创新与创业教育，是将高校的学术研究转化为经济发展动力的基石，也是我国经济可持续发展的重要保证。熊静在《教育生态系统视角下创新创业教育校内支持体系优化研究》[②]一文中，对校内支持体系做了较为详尽的论述。首先，熊静从理论上分析了大学生创新创业教育的内在支持体系。以大众创新、万众创业为背景，简要梳理了地方大学创新创业教育的内部支持体系以及国内外学者关于创新创业教育和创新创业教育支持的研究成果，并将该文的基本研究架构和案例研究方法与地方高校创新创业教育的实际情况进行了比较。其次，熊静对该文涉及的核心概念——“创新创业教育”进行了简单的界定，并对当前我国本土高校校园创新创业教育的生态构成因素进行了分析。最后，作者以一所高校为例，对大学生创新创业教育的校园支持体系进行了实证研究，对支持体系中存在的问题与弊端进行了剖析，并从整体性、协同性和可持续性三个方面，提出了改进地方大学内部的创新创业教育支持体系的建议。

①石臣磊，李盛泽，张思佳．课程思政背景下后现代教育理论对高校创新创业教育效果影响的研究[J].黑龙江教育，2024（22）：55-58.

②熊静．教育生态系统视角下创新创业教育校内支持体系优化研究[D].湘潭：湘潭大学，2021.

三、关于创新创业教育政策与制度的研究

21世纪以来，高校创新创业教育已步入高质量发展的新阶段。徐姗姗在《新时代我国高校创新创业教育政策研究——基于2012—2022年政策文本》[①]一文中采用质性研究方法，对2012—2022年的高校创新创业教育方面的纲领性文件进行了梳理，将高校创新创业政策内容归纳为三类：创新创业教育工作的建设和保障、创新创业活动的建设和推进、创新创业教育教学能力的培养。在文章中，作者还对高校创新创业教育工作进行了展望。

在建设创新型国家的新时代，探究高校创新创业教育政策与制度的演进规律，有助于推动政策与制度的适应与转型，以满足社会发展对人才培养的新要求。张凤娟、潘锦虹[②]从理论和实践两个方面对我国高校创新创业教育政策的范式变迁及其嬗变逻辑进行了深刻阐释。两位作者以历史制度主义的政策变迁理论为基础，将我国高校创新创业教育政策演变分为酝酿萌芽、试点探索、快速发展和完全发展四个阶段；以"路径依赖—关键节点"为切入点，以"宏观架构—中间层体系—微观主体"为主线，探究政策演变的动力机制。

我国高校创新创业教育政策经过了萌芽、试点、全面推广、转型升级等阶段。杨冬在《我国高校创新创业教育政策变迁的轨迹、机制与省思》[③]中，以制度变迁的理论为依据，解析中国高校创新创业教育政策的转型机制，指出要优化改革的路径，将评价驱动和内涵发展有机结合起来，才能使创新创业教育工作走上高质量发展的轨道。

随着研究的深化，有学者提出，高校创新创业教育的制度化发展也面临诸多阻力。郑雅倩和杨振芳[④]从社会学视角出发，结合对文献的梳理和70多万字的深度访谈资料，认为利益相关者对创新创业认知的偏差、"强激励、弱引导"

①徐姗姗．新时代我国高校创新创业教育政策研究——基于2012—2022年政策文本[J].中国大学生就业，2023（7）：20-26.

②张凤娟，潘锦虹．我国高校创新创业教育政策的范式变迁及其嬗变逻辑[J].高等工程教育研究，2022（5）：151-156.

③杨冬．我国高校创新创业教育政策变迁的轨迹、机制与省思[J].高校教育管理，2021，15（5）：90-104.

④郑雅倩，杨振芳．高校创新创业教育发展的制度化困境及其超越[J].高教探索，2024（2）：23-30.

的考核评估模型和高校创新创业教育治理体系的不平衡，导致了政策同构性的扩散和高校的“数字竞赛”行为。两位作者指出，必须尽快建立中国大学生创新创业教育的话语系统，实现利益相关者的创新创业教育价值认同；以创业精神和创新创业能力等软技术附加值为导向，在考核中进一步优化流动机制；强化大学生的主体地位，提高政策系统的精准性。

四、关于高校教师创新创业能力的研究

《国家中长期教育改革和发展规划纲要（2010—2020年）》提出，要适应人民群众日益增长的高等教育需要，既要实现高等教育规模的持续扩张，又要提升教育的品质，保证高等教育体系可以培养出拔尖人才、一流人才和创新型人才。针对这一点，周楠、蒋欣灿在《高等学校创新创业教育与专业教育融合的现状及策略分析》[①]中，就高校创新创业教育与专业教育的融合问题进行了研究，阐明了高校创新创业教育与专业教育的辩证关系，并对高校创业教育与专业教育的融合状况进行了剖析。作者以实际案例为依据，提出了具体的整合途径和对策：一是构建跨学科课程体系，加强高校创业教育与专业教育的内部联系；二是采用多元化的教学方式，营造丰富多彩的学习氛围；三是推动课程专题研究，激发大学生对真实创业的兴趣。

在大众创业、万众创新的背景下，对大学生进行创新思维、创业意识和能力的培养，是高校创新创业工作的新重点，因此，高校教师诚信创业能力的构建至关重要。党的二十大报告提出，必须坚持创新是第一动力，坚持创新在我国现代化建设全局中的核心地位，把握发展的时与势，有效应对前进道路上的重大挑战，提高发展的安全性，把发展基点放在创新上。只有坚持创新是第一动力，才能推动我国实现高质量发展，塑造我国国际合作和竞争新优势。为此，要让创新贯穿党和国家一切工作，让全面创新真正成为加快社会主义现代化建设、实现中华民族伟大复兴的强大动力。高校是创新型人才的重要来源，也是大学生创业教育的主要阵地。韩晓昱在《基于创新创业大赛的创业指导教

①周楠，蒋欣灿.高等学校创新创业教育与专业教育融合的现状及策略分析[J].学周刊，2024（10）：1-4.

师能力构建》[①]中明确指出，提高职业素养是每一位高校创业指导教师必须面对的问题。高校创业指导教师要从学生培养和项目培养两个方面入手，在教育和教学观念上不断更新，完善工作方式，增强自身能力，努力使自己成为学生最可靠的引路人。针对目前大学生自主创业的高出生率和高死亡率的实际情况，许勋恩[②]认为，高校创业教育应该回归到培养创业指导教师能力的轨道上来。他从高校创业指导教师应该具有的素质出发，研究了提高高校创业指导教师素质的途径，分析了当前高校创业指导教师自身存在的不足和成因，并以此为主线，从创业教育的专业理念、顶层制度设计、创业教育组织构建、教师选拔和培养、教师转型和创业实践五个方面展开探索，着眼于建立一支具有较高综合素质的高校创业指导教师队伍。

创业教育是我国高等教育改革与推进高等教育事业发展的一项重大举措，是解决大学生就业难问题的关键举措。教师在其中扮演着重要的角色，既能为学生提供就业上的指引，也能鼓励学生积极探索不同的领域，转变就业理念。朱琛[③]就高校创业指导教师的能力提升途径和职称问题进行了深入的探讨。作者指出，高校创业指导教师在能力提升方面面临资金不足和培训规划缺失的问题，这些问题严重制约了教师能力的有效提升。为了解决这些问题，作者提出了几个有效的途径，包括加强对创业指导教师的培训与管理、组织教师参与企业实践、鼓励教师长期进行社会实践、选派优秀教师出国留学以及引进国外专家进行指导等。在职称问题方面，高校创业指导教师面临职称评定存在名额限制、重评轻聘现象、不健全的考核机制以及对教师业绩评定过于形式化等问题。这些问题影响了职称评定的公正性和公平性，并可能削弱教师开展教学和科研工作的积极性。因此，作者建议高校取消名额限制，实施公平的职称晋升政策，建立健全的考核机制，规范教师业绩评定流程，保障教师的积极性，提升教学质量。

---

①韩晓昱.基于创新创业大赛的创业指导教师能力构建[J].智库时代,2019（40）：36＋38.

②许勋恩.高校创业指导教师能力提升路径研究[J].教育评论,2017（3）：114-117.

③朱琛.高校创业指导教师能力提升路径及职称问题对策研究[J].现代经济信息,2016（18）：416.

五、研究述评

创新创业教育作为一个新兴的重要研究领域，是培养学生创新精神和创业能力的重要途径。通过上述分析可知，当前，学者们对该课题的重视程度与日俱增。虽然国内有关领域的研究均是近些年形成的，时间晚于西方发达国家，但由于我国政府对此给予高度重视与鼓励，在社会各界的共同努力下，经过数年的发展，我国已在创新创业教育领域拥有丰硕的研究成果。现有的有关研究一般分为两类。第一类是围绕创新创业教育的相关要素及理论进行的研究，比如对新时代高校创业教育体系内涵的思考、高校创业教育体系的构建，以及相关政策等。第二类是围绕高校创业教育在实践过程中面临的主要状况、存在的不足及解决方案展开的研究，包括产学研相结合的模式、将创新创业教育与专业教育相结合，以及高校内部与外界的相互配合等。值得一提的是，不管是哪一种类型的研究，学者们均基于我国的具体国情，结合外国现有研究成果，对现阶段我国高校的创新创业教育进行了全面客观的分析，并提出了适合我国国情的创新创业发展路径与措施，包含创新创业课程体系的优化设置、创新创业教育模式的发展与完善等。

但是，现有的与高校创业教育有关的研究仍存在以下问题。一是这些研究大多就高校创业教育的基本问题展开探讨，大都停留在理论层面，研究方法较为单一，现有相关文献基本上都是描述性研究或理论研究，缺乏实地调查及相关数据信息，并且未能与不同高校的实际情况进行良好的融合，缺乏可行性与实用性。二是研究视角较为单一。这些研究大多从教育学视角出发，以高校为主体，关注的是高校在创新创业教育中的作用与问题，极少有以政府、企业、大学生、教师为创新主体的研究，高校创业指导教师在能力提升方面仍面临诸多问题。

第三节　创业指导教师能力的理论基础

一、学术资本理论

1990年，哈克特（Edward J. Hackett）率先使用“学术资本主义”一词，将其用于描述科学研究的市场倾向。“学术资本主义”概念表明了美国高校在高等教育系统从政治性协调到市场化协调转变过程中所表现出的利益偏好。美国学术资本主义的形成，并不是政府削减公共开支导致的被动性适应，而是美国高校在政府干预不断强化的情况下，为寻求自治而主动做出的发展性选择。后来，这个概念被广泛应用于高等教育领域的研究。

斯劳特（Sheila Slaughter）等学者认为，“学术资本主义”是大学本身或大学中的集体、个人参与市场或类似市场活动的行为表征，如大学或大学中的集体、个人作为市场行为者在公司投资、开发过程中持有专利、参与科研成果转化，以及提供咨询、举办培训班等。①

雷诺（C. S. Renault）提出，学术资本主义强调知识产权以及知识商业化可获得的公共利益和私人利益。这一观点得到了“拜杜法案”(Bayh-Dole Act)及多数知识产权政策的支持。②

坎特韦尔（Brendan Cantwell）等提出，高校是可转让知识的来源，高校参与区域经济社会建设可提高区域经济的竞争力，促进知识的商品化。知识是“虚构的霸权经济”形成的基础，是经济竞争和增长的先决条件。③

我国学者胡潇提出，当代学术资本主义现象因市场经济的发展而不断走向深入，伴随高新技术和知识文化产业迅猛发展。学术资本主义使高校科技研发

---

①Slaughter S, Rhoades G. Academic Capitalism and the New Economy: Markets, State, and Higher Education[M]. Baltimore: The John Hopkins University Press, 2009.

② Renault C S. Academic Capitalism and University Incentives for Faculty Entrepreneurship[J]. Journal of Technology Transfer, 2006（31）：227-239.

③Cantwell B，Kauppinen I. Academic Capitalism in the Age of Globalization[M]. Baltimore: Johns Hopkins University Press, 2014.

借助企业投资，让资本力量以其自身运行逻辑渗入学术活动。大学与企业、科研与市场、学术与私有资本的结合扩大了高校教师的职业范围，改变了高校教师的学术取向和行为方式。①

高校教师运用自身的学术资本，通过开展创新创业活动和教育学生利用自身学术资本进行创新创业活动，可以有效带动区域经济和科技水平的提升，促进区域经济发展，实现新旧动能转换，增强市场活力，进而增加区域经济总量。同时，这一活动也会促进区域经济和社会的高质量发展。

二、职业指导理论

黄炎培先生从职业指导的本质、功能、原则和方法四个方面对职业指导理论进行了解读，对于高校创业指导教师的能力提升具有重要的指引作用。②黄炎培先生的职业指导理论体系主要包括如下内容。

一是职业指导的本质论。职业指导就是为受教育者提供辅导，按其才能、性格，运用科学的工具帮助受教育者对自己和职业有深入的了解，使得受教育者自身达到职业要求并且顺利入职。只有正确把握职业指导的内涵，才能顺利开展就业指导工作。

二是职业指导的功能论。职业指导是根据每个人的个性差异来进行的，也就是说，职业要符合其个性。进行职业指导时，需要根据社会需求实际情况，合理地配置人力资源，发挥沟通教育与职业的桥梁作用。

三是职业指导的原则论。在职业指导的过程中，应该遵循匹配性、自主性和发展性的原则。其中，匹配性原则强调职业指导要将职业与受教育者个性相匹配，只有受教育者自身的个性符合职业的特性，长久从事这份职业时才会对此产生兴趣，才会在工作中不断创设出新点子，从而避免职业倦怠。教育者的职责只在于对受教育者进行辅导，受教育者应自主选择工作类别。教育者要注重指导方法的科学性、合理性和艺术性，培养受教育者独立进行分析的能力，从而自主进行职业类别的选择。职业指导不是短期任务，而应是持续性的。

①胡潇.教师理致的悖论——基于学术资本主义的审视[J].马克思主义研究，2016（6）：91-101.

②张志增，刘娜.黄炎培职业指导理论体系研究[J].教育与职业，2007（11）：11-13.

四是职业指导的方法论。职业指导涉及四种方法：第一，对各类招聘和求职信息进行收集、甄别、整理和发布，让受教育者对这些信息进行辨别和分析；第二，对学生进行职业测试，通过对学生的测试结果进行分析，帮助他们更好地了解自己；第三，了解就业市场的需求形势，使受教育者有明确的就业方向；第四，在学校内部，对职业指导的重要性进行宣传，综合运用线上、线下宣传方式，建立宣传平台，让受教育者耳濡目染。黄炎培职业指导的方法论包含了高校创业指导教师应掌握的基本技能，为高校创业指导教师的考核和评价提供了重要的理论依据。

三、教师专业化理论

教师专业化理论是指教师这个职业具有独特性，有职业的准入条件，在教师的培养和管理等方面都有制度要求。“教师专业化”这个概念包含以下几项内容。一是教师这一职业具备专业性。教师要具备某个学科的专业知识、良好的师德师风以及高超的教学能力，能够让学生充分理解自己的教学内容。二是应为教师培训设置专门的场所。教师的培训活动应在专门的场所举办，相关部门还要准备专业的、适应教师需求的培训内容。三是在教师入职审核方面要严格遵守相关规定。教师必须达到相应的条件才能入职，必须获得相应的资质才能从事教育工作，国家对此有严格的要求。四是教师需要向专业化的方向发展。教师在工作中需要不断适应环境，不断从各方面提升自我能力，才能跟得上时代发展的步伐。教师要积极适应新时期教育教学形式和学生需求的不断变化，这是一个长期的过程，与教师的职业发展相辅相成。教师专业化理论阐明了教师需要掌握的知识和技能，为制定职业教育教师专业化建设标准提供了理论依据。

第三章 高校创业指导教师能力培养的意义、背景及新趋势

随着高等教育背景下创业教育的兴起，高校创业指导教师在学生成功创业中扮演着越来越重要的角色。提升教师的创业指导能力，不仅能够直接提高学生的创业成功率，而且能促进学生全面发展，增强其市场适应性和创新能力。本章将深入探讨创业指导教师能力培养的意义，分析创业指导教师能力培养的必要性和可行性。高校创业指导教师的作用受到了社会各界的广泛关注，从国家政策的支持，到社会对创新创业人才的需求，再到高校内部教育改革的深化，均要求高校创业指导教师具备更高层次的能力。本章将深入分析当前高校创业指导教师能力培养的背景，包括高校创业指导教师队伍建设的新机遇和新挑战。在全球化和信息化背景下，高校创业指导教师的能力培养呈现出新的趋势。探讨当前高校创业指导教师能力培养的新趋势，能为高校创业指导教师的能力提升提供新的思路和方向。

第一节　高校创业指导教师能力培养的意义

高校毕业生是党和国家宝贵的人才资源，是城镇新增就业的主体，做好高校毕业生就业工作意义重大。2024年政府工作报告指出，2024年城镇新增就业1244万人，2024年高校毕业生超过1170万人。高校毕业生就业形势正在发生深刻变化，面临一定困难和挑战。从就业规模来看，我国已进入高等教育普及化阶段，未来一段时间，高校毕业生规模都将稳定在千万人以上；从供需匹配看，行业市场人才需求端与高等教育人才供给端存在一定错位，"有活没人干"和"有人没活干"的就业结构性矛盾仍较突出；从就业能力来看，新质生产力发展催生一批新产业、新业态、新模式，对毕业生就业能力提出新的更高要求；从就业观念来看，毕业生"求稳"心态明显，"慢就业""缓就业"等现象增多。[①]拓宽就业渠道、力促高校毕业生就业是摆在党和政府面前的重大课题。高等教育在整个教育体系中处于龙头地位，为中国式现代化提供教育、科技、人才资源。高校在统筹推进教育强国、科技强国、人才强国建设中发挥着重要作用，是国家创新体系中必不可少的一部分。在高校和社会之间，创业指导教师作为联系学生与创业项目的纽带，可以激发学生的创新意识和创业能力，为国家输送大量创新型人才。在高校开展大学生创业教育，不仅有利于培养创业型人才，提升大学生的创业能力，而且可以促进大学生就业。因此，加强高校创业指导教师队伍建设对于推动高校创新创业教育的发展和提高创新创业人才培养质量与数量具有重要意义。

一、高校创业指导教师能力培养的必要性

（一）加强高校创业指导教师能力培养是创业人才培养的客观需要

首先，创业指导教师通过一系列创业指导课程，能够培养大学生的创新意

①教育部.促进高校毕业生高质量充分就业[EB/OL].[2024-07-19]. http://www.moe.gov.cn/jyb_xwfb/xw_zt/moe_357/2024/2024_zt01/mtjj/202408/t20240829_1147779.html.

识，让大学生了解与创业相关的基础知识。学校在开展创业教育的过程中，会邀请一些已经创业成功的管理者或有丰富创业经历的教师为大学生分享有关创业过程中需要注意的事项，帮助大学生分析目前市场上值得关注的创业领域和项目，激发大学生创业的激情和兴趣。

其次，在大学生有了创业想法，并且积极付诸行动后，创业指导教师需要密切关注大学生的动态，用实践教学的方式引导大学生模拟创业过程中可能遇到的复杂情况，带大学生感受创业过程中的酸甜苦辣。大学生通过整个阶段的学习，分析能力及实践能力将有所提高，有助于创业项目的顺利开展。

最后，一些大学生在学习创业指导课程的过程中，或在学习了这门课程之后，会对创业产生浓厚的兴趣，会主动寻找创业契机或创业项目。在此阶段，创业指导教师需要引导大学生分析市场情况，找到适合目前创业环境的项目，全面提高创业能力。

（二）高校创业指导教师是大学生正确选择创业项目的重要参谋

在某种程度上，我们可以说，选择好的创业项目是大学生创业成功的关键。经得起科学的市场分析及风险分析的创业项目才有成功的可能。对于很多大学生来说，他们在有了创业意识之后，往往会选择一些自己感兴趣的领域开发创业项目，但是这些项目不一定是当前市场所需要的，有的项目甚至可能是市场已经淘汰过的。这时，作为专业人士，创业指导教师对项目做出分析和评估就显得尤为重要。大学生在校期间很少有机会接触成熟且市场前景较好的科研项目，这也是大学生普遍面临的创业困境。创业指导教师理论和实践经验都比较丰富，他们熟悉国家的创业政策，了解市场发展趋势和行业发展情况，在大学生的创业项目选择上能发挥重要作用。

首先，创业指导教师拥有相关创业经历或创业基础知识，可以对大学生有意向的项目进行初步分析，评价这些项目是否可行，让学生少走弯路。如果经过分析，创业指导教师和学生一致认为这些项目不适合投放市场，就能提前中止项目，为学生节省时间及精力，避免因项目失败打击大学生创业的积极性。其次，创业指导教师可以将具有相同或类似创业意愿的大学生集合在一起，每个大学生都是独立的个体，都具有主观能动性，其思考问题的方式和角度也不尽相同。学生们聚集到一起，大家各抒己见，每个人都可以为创业项目提供自己的想法，帮助项目更好地推进。最后，创业指导教师可以依靠自身的创业经验或资源，对现有的科技成果进行评价、整理和筛选，根据大学生的专业特长，帮助大学生选择适合自己的创业项目。

（三）高校创业指导教师是联系创业项目与市场的纽带

创业项目最终能否获得成功，需要市场来检验。很多创业项目是高校教师科研项目中的子课题，参与创业项目的大学生在毕业后与高校联系减少，致使创业指导教师未能有效地对这些创业项目进行整体把握，也未能及时关注这些创业项目产生的实际效益。少数创业项目即使得到了创业指导教师的关注，但由于这些教师没有直接参与这些创业项目，对项目缺乏深入的了解，也缺乏帮助大学生解决实际困难的能力。很多大学生提出的创业项目往往是传统的基础性项目，或是市场上已经普遍出现，并形成规模的项目，很难获得市场的青睐。所以，创业指导教师需要积极利用自己所积累的资源为大学生提供帮助，帮助大学生解决在市场开拓过程中遇到的困难，帮助大学生将创业项目尽快投放市场。

创业指导教师在与创业者讨论创业项目相关情况的过程中，可以从不同的角度分析创业项目和市场情况，在潜移默化中提升大学生识别机会的能力，让大学生养成自我学习的习惯。从被动学习转化为主动学习，从被动地进行市场分析转化为主动地分析市场，筛选出市场需要和欢迎的创业项目，这对于大学生而言至关重要。他们经过这种过程，会对市场需求更加敏感，在创业中期及后期可以根据市场情况及时调整创业项目发展的方向。因此，在创业项目投放市场并参与市场竞争的过程中，创业指导教师都发挥着重要作用，是联系大学生创业项目与市场的纽带。

（四）加强高校创业指导教师能力培养是教师自身可持续发展的内在需要

随着物联网、大数据、人工智能、区块链技术的广泛运用，教育行业也发生了巨大的变化。创业指导教师作为教学活动的设计者、组织者以及执行者，必须与时代同步发展，以适应职业教育更好发展的需求。要指导大学生成功创业，创业指导教师就需要具备创新理念、创业能力。在日常教学过程中，创业指导教师需要积极探索和创新教学方式和教学模式，创造性地解决各种教学问题，保障教与学有序开展。加强高校创业指导教师能力培养，有利于促进教师个人发展，对于提升大学生创业成功率也具有重要意义。

二、高校创业指导教师能力培养的可行性

发展创新型产业、高科技产业是提升国家核心竞争力的必然要求。在高校开展创新创业教育，不仅有利于培养创新创业人才，提升大学生的创新创业能力，而且可以为社会创造更多的就业机会，有效解决大学生的就业问题。加强高校创业指导教师队伍建设是发展创新创业教育的重要环节，不仅可以从理论角度为创业指导教师队伍建设提供启迪，而且可以激发市场活力，提升大学生的创新意识，符合高等教育人才培养目标。

（一）理念可行

国家鼓励科技创新，支持大学生进行社会价值创造。然而，创业对于大学生来说，谈起容易做起难。没有国家、社会以及学校的多方支持，创业成功对于多数大学生来说依然是遥不可及的梦。作为大学生创业理念的引导者，创业指导教师肩负着指导大学生了解创业法规和政策，指导大学生掌握基本的创业理论知识，指导大学生熟悉创业的流程和方法，培养大学生的创新精神等重任。同时，创业指导教师还要积极宣传党和国家的相关政策，为大学生创造良好的创业环境和氛围。将创业指导教师能力培养纳入高校的日常工作，对于提升高校创业指导工作的有效性具有一定的价值和意义。

高校创业指导教师能力培养对于激发大学生的创业热情和动力，促进创业项目成功都起着至关重要的作用。深化高校创业教育改革，是国家实施创新驱动发展战略、促进经济提质增效升级的迫切需要，是推进高等教育综合改革、促进高校毕业生更高质量创业就业的重要举措。近年来，我国政府对高校创业人才培养做出了重要部署，对加强大学生创业教育提出了明确要求。高校创业

指导工作不断深入，取得了重要进展，在提高高等教育质量、促进大学生全面发展、推动毕业生创业就业、服务国家现代化建设中发挥了重要作用。

（二）实践可行

对于社会而言，高校通过实施多视角的创业指导，有利于培养出更多符合社会需要的高素质人才。有效的创业指导可以增强大学生对劳动力市场的适应性，减少结构性失业，促进大学生顺利就业、成功创业。高校也能在实施创业指导的过程中反思人才培养模式中的不足，积极适应社会环境的变化，为社会培养更多优秀人才。

对于高校而言，大学生的培养不仅影响学生的个人发展，而且与高校的可持续发展息息相关。创业指导可以在一定程度上丰富高校的课程设置，使高校的人才培养模式更加深入。目前，很多高校邀请一些企业优秀人才为学生讲授创新创业课程，为学生的创业项目提供具体可行的意见，这一举措使高校与企业紧密联系起来，有利于学生的创业项目获得成功。

对于学生而言，创业将不再是遥不可及的梦。创业指导教师队伍中不仅有高学历的教师，而且有经验丰富的企业人才。学生在创业过程中，能够得到及时有效的专业指导。

第二节　高校创业指导教师能力培养的背景

进入新时代，我国经济快速发展，高等教育教学模式也发生了巨大变化。高等教育大众化让更多学生拥有了接受高等教育的机会，高校毕业生就业难的问题也逐渐显露出来。高校毕业生就业、创业对我国的经济发展影响较大，与民生息息相关。

从另一个角度来看，对大学生进行系统化的创业教育，是提高人才培养质量的要求，也是建设创新型国家的迫切要求。大学生创业教育既是一种通识教育，也是一种将大学生的专业知识、专业能力转化为创新意识和创业精神的提高性教育。创业教育可以提高大学生的综合素质、就业能力，使之具有更鲜明的创业特质和创业品质，更好地适应社会，适应建设创新型国家的要求，进而提高高校毕业生的就业率，维护社会稳定。

高等教育是培养高层次人才的主要力量，高校毕业生就业问题更是关系社会稳定的重大民生问题。当前，我国大学生创业教育已初具规模，但大学生自主创业率整体偏低。这主要有两个方面的原因。一方面，我国高校创业教育起步晚，创业教育资源匮乏，少数高校片面追求创业率，只注重形式上的创新实践活动，忽视了对学生进行创新思维、创业意识的培养。另一方面，一些高校缺少高水平的、综合素质较强的创业指导教师，无法有效地培养学生的创新创业能力。加强创业指导教师队伍建设是高校开展创业教育的基本保障。高校只有建立起一整套筛选、培训、考核创业指导教师的机制，才能有效提高创业指导教师的专业化水平，促进创业教育向专业化方向发展。高校创业指导教师在大学生创业教育中扮演着非常重要的角色。随着经济结构调整、经济转型升级的逐步深入，创业型人才培养的重要性和紧迫性迅速凸显，高校创业指导教师队伍建设也面临着新的机遇与挑战。

一、高校创业指导教师队伍建设面临的新机遇

（一）新时代为大学生就业创业指明新方向

党的二十大报告强调，必须坚持科技是第一生产力、人才是第一资源、创新是第一动力，深入实施科教兴国战略、人才强国战略、创新驱动发展战略，开辟发展新领域新赛道，不断塑造发展新动能新优势，培育创新文化，弘扬科学家精神，涵养优良学风，营造创新氛围。推进大众创业、万众创新，是发展的动力之源，也是富民之道、公平之计、强国之策，对于推动经济结构调整、打造发展新引擎、增强发展新动力、走创新驱动发展道路具有重要意义，是稳增长、扩就业、激发亿万群众智慧和创造力，促进社会纵向流动、公平正义的重大举措。高校大学生富有想象力和创造力，是创新创业的生力军，开展好面向高校大学生的就业创业教育、助力其全面投身创新创业实践具有重要意义。

《中共中央关于构建社会主义和谐社会若干重大问题的决定》高度重视大学生实践能力、创业能力、就业能力、创造能力的培养。此外，乡村振兴战略也激发了高校毕业生返乡就业创业的热情。《乡村振兴战略规划（2018—2022年）》明确了优先发展农业农村的乡村振兴战略，各地积极推进大学生返乡就业创业行动计划，很多来自农村的高校毕业生积极主动返乡就业创业。

（二）高校普遍注重保障大学毕业生就业创业

在国家政策的支持和高校创业指导课程体系不断深化的背景下，高校推出不同举措，促进毕业生高质量充分就业创业。目前，我国高校积极推进毕业生创业教育工作，结合自身办学特点和专业优势，围绕国家战略需求和区域经济发展需要，积极探索就业创业教育的实践模式和有效途径，逐步建立起了一套集理论教育、实践训练、指导服务等内容于一体的就业创业教育体系。这对于全面提高高校创业教育水平，培养大学生的团体意识、创新精神、创造力、执行力、组织力等大有裨益，也有利于促进高校创业教育继续朝着专业化方向发展。

在我国，一批率先开展创业教育的高校已经建立了成熟健全的创业教育管理团队和机构。在组织设置上，这些高校基本上都成立了以校长领导，其他校领导共同参与的创业教育领导小组，将创业工作作为学校发展规划和人才培养的重要组成部分。与此同时，部分高校还组建了专门的创新创业学院，负责全校创业教育的整体规划与实施。创新创业学院能够整合全校范围内的创新创业资源，联合学校不同部门，更加系统化地开展创新创业工作。

（三）金融支持政策助力大学生创业

大学生创业是当前社会鼓励和支持的一种创新创业形式，金融支持是大学生创业过程中不可或缺的重要内容。2021年10月12日，国务院办公厅发布《关于进一步支持大学生创新创业的指导意见》，充分肯定了大学生创业的重要意义，也明确指出了大学生创业过程中面临的融资难、经验少、服务不到位等问题，提出要加强对大学生创新创业的金融政策支持，特别强调了要在普惠金融政策、引导社会资本支持大学生创新创业等方面发力。各地也相继出台了一系列金融支持政策，包括政府担保基金、小额担保贷款、财政贴息、风险补偿、社会捐赠等。

进行大学生创业项目评估是确保金融支持得到有效利用的关键环节。有创业意愿的大学生应对自己的创业项目进行全面评估，从市场需求、竞争情况、技术可行性等方面对项目进行综合分析。大学生可以寻求专业机构或人士的帮助，进行市场调研和商业模式设计，还可以参加创业比赛或项目评审，在专业评委的评估和指导下提升创业项目的质量。创业项目只有通过评估，才能更好地吸引金融支持。

创业资金筹集是大学生创业过程中面临的一大挑战。大学生可以通过多种途径筹集资金，如个人储蓄、亲友支持、天使投资等。大学生还可以利用各类创业基金和创业扶持政策来获取资金支持。例如，一些高校为鼓励大学生创业，设立了创业基金，为有创业意向的大学生提供资金支持和创业指导，还为大学生提供一系列创业扶持政策，如创业补贴等。通过多渠道筹集资金，大学生可以更好地实现自己的创业梦想。

创业贷款是大学生在创业过程中的重要金融支持方式之一。创业贷款可以帮助大学生解决资金短缺的问题，支持他们开展创业活动。大学生可以选择在银行申请创业贷款，或者利用创业扶持政策中的创业贷款优惠政策。在申请创业贷款时，大学生需要准备好相关材料，如创业计划书、财务预测报告等，个人征信记录需要符合相关要求，还需要具备一定的还款能力。创业贷款的支持可以帮助大学生更好地实施创业项目，实现创业成功。

创业投资是大学生创业的另一种重要的金融支持方式。2024年6月，国务院办公厅印发《促进创业投资高质量发展的若干政策措施》，指出发展创业投资是促进科技、产业、金融良性循环的重要举措，要培育多元化创业投资主体，多渠道拓宽创业投资资金来源，加强创业投资政府引导和差异化监管，优化创业投资市场环境。对于大学生来说，在创业过程中，可以通过多种渠道吸引行业骨干企业、科研机构、创新创业平台的关注，通过招商引资、天使投资等方式吸引创业投资机构的资金支持。在吸引创业投资时，大学生需要充分展示自身项目的价值和发展潜力，同时也要展现出自己所在团队的创业能力和优势。创业投资的支持可以为大学生提供更广阔的发展空间和更多的资源支持。

金融支持对于大学生创业成功至关重要。很多创业项目难以推进，主要原因就是缺少有力的金融支持。在这一过程中，大学生需要积极发挥主观能动性，寻求多方协助，广泛利用资源，努力展示自身的优势和特长。此外，创业指导教师也发挥着不可替代的作用。由于大学生普遍社会经验不足，缺少历练，承受挫折的能力有待提升，创业指导教师就需要多关注学生在思想和情绪上的波动，在创业项目筛选、创业项目可行性评估、项目准备和实施、资金筹集等环节进行跟踪和把控，并帮助大学生分析各项选择的可行性、利弊等，帮助他们不断提升自己的创业能力和专业素养，以便更好地吸引金融机构和投资者的关注和支持。

（四）实践平台的发展促进大学生创业

2021年，国务院办公厅印发了《关于进一步支持大学生创新创业的指导意见》，提出要加强大学生双创服务平台建设，办好中国国际“互联网＋”大学生创新创业大赛，完善大赛可持续发展机制，坚持以赛促教、以赛促学、以赛促创，丰富竞赛形式和内容，全力支持大学生创业能力和实践的发展。

当前，我国大部分高校已经建立了创业教育实践平台，主要包括创业学院、创业训练营、企业孵化器、科技园、线上创业教育网站等。很多高校不仅在资金上为创业的大学生提供支持，而且为创业项目配备创业指导教师，让教师手把手带领大学生创业。很多高校也积极探索与其他院校、社会企业、地方政府、非政府组织等进行合作，共建创业训练基地和社会实践基地。以互联网、物联网和大数据为基础的平台经济发展迅速，为高校毕业生提供了更多的创业机会。

创业竞赛是创业教育实践的一个重要载体，是当前高校促进创业型工程科技人才培养和科技成果转化的最有效的手段之一。很多高校每年都会派指导教师和学生团队参加“挑战杯”全国大学生课外学术科技作品竞赛、中国国际“互联网＋”大学生创新创业大赛等国家级赛事。这些赛事成为很多高校积极参与的创业文化盛宴，它们汇聚了来自各方的人才、资金、市场等资源，产生了很大的辐射效应。另外，有的高校依托本校的优势专业，与企业和政府合作，为大学生提供创业实践基地，开发科技创业项目和文化创业项目，不断推进高校科技成果转化。高校通过开展形式多样的创业实践活动，能够使大学生将理论知识与实践相结合，营造良好的创业氛围。相关数据显示，在高校举办的创业活动中，大部分大学生了解或者参与过与此相关的讲座、论坛、培训、竞赛、社团或协会活动，这不仅可以帮助大学生积累丰富的创业知识，激发他们的创业意识，而且可以让更多有创意、有市场前景的创业项目落地。

（五）社会文化环境为大学生营造了浓厚的创业氛围

目前，各种新闻媒体都在积极宣传创新创业理念。很多高校都通过校园网站、学生活动等分享大学生创业的成功案例，讲好大学生在社会创业过程中的正能量故事，营造了浓厚的创业氛围。还有一些高校积极向学生宣传最新的创业支持政策，激发了学生的创业激情。新闻媒体主动传播大学生创业的成功案例，广泛宣传大学生在创业过程中不怕苦、不怕累、敢想敢拼、坚持不懈的感人故事。这些都能营造良好的创业氛围和积极向上的文化环境，对激发大学生的创业意愿具有显著的作用。

二、高校创业指导教师队伍建设面临的新挑战

目前，我国高校创新创业教育处于十分活跃的状态，很多高校成立了创新创业教育学院，开设创新创业教育课程。但不容忽视的一点是，少数高校在创业指导教师队伍建设方面存在明显缺陷，在没有充分明确创新创业课程"怎么教、教什么、由谁教"这些教学基本问题时，就匆忙组建创业指导教师队伍，没有走出创业教育"形式化""运动化"的怪圈。其实，创新创业教育课程内容涵盖政治学、经济学、管理学、市场营销学、广告学、公共关系学、教育学、心理学等多个学科的知识，但创业指导教师大多是学生管理人员，他们的知识积累不足，在创业理论与创业技能方面明显有欠缺，在创业教学能力、创业指导能力、创业服务能力、创业实践能力及教育创新能力等方面存在明显的短板。在此形势下，高校创业指导教师队伍的规模和水平难以满足当下日益增长的就业创业教学和实践指导的需求，制约了高校就业创业指导工作水平和服务质量的提升。

培养一支理论知识过硬、实践能力较强的创业指导教师队伍显得尤为重要。面对新的机遇和挑战，高校创业指导教师队伍建设工作还需要不断创新，进一步深化改革、完善制度、优化服务。目前，我国高校创业指导教师队伍建设存在以下问题。

（一）创业指导教师的数量严重不足

目前，我国大部分高校都开设了创新创业教育课程，但由于受到各方面因素的影响，部分高校相关的师资力量相对薄弱。现阶段的情况是，创业学生的数量逐年递增，但在很多高校，既能够胜任创新创业理论教育，又可以为学生提供创业咨询与指导的“双师型”教师数量有限，存在明显的供需失衡情况。一般来说，“双师型”教师既要充分了解创业政策，又要掌握创业技能的教学方法。他们需要在理论教学中帮助学生打好知识基础，为将来的自主创业做好准备，还需要具备一定的创业经验，参与过一些创业项目，这样才能结合个人经历，从专业角度为学生提供更有效的咨询和指导。但目前的实际情况是，一些负责创新创业教育的教师在理论方面有非常丰富的积累，但没有足够丰富的创业经历，对于学生在创业道路上遇到的各类问题，他们难以提供具有建设性的技术指导。师资力量薄弱成为高校提高创新创业教育质量过程中的一大难题。

（二）创业指导教师的实践性不够

高校创业指导教师的组成比较单一。目前，在大部分高校，创业指导教师主要是负责学生管理工作的教师。这些教师往往不具备创业指导的专业技能，甚至自身的就业经历非常单一，根本没有创业经历。因此，他们在讲授创业指导课程的时候，往往都是照搬教材上的相关理论和案例，无法对学生进行比较系统和科学的指导。

要打造高质量的创业指导课程，离不开具有丰富创业知识与实践经验的师资队伍。大部分学生期望有创业经验或参与过相关培训的教师、创业成功的企业家来讲授这些课程，也期望从事孵化器运营和管理的工作人员来参与授课，这主要是因为他们具有丰富的理论知识和实践经验。其实，创业不是纸上谈兵，高校创业指导教师一定要有较强的实践能力，才能对学生进行有效的创业指导。

（三）创业指导教师的专业化水平不高

针对高校毕业生的创业指导工作是一项专业化程度很高的工作。它既要求创业指导教师了解相关政策和法律法规，又要求其掌握一些专业的测评工具，能够对大学生的心理特征和创业项目进行测评。在具体的创业指导工作中，教师需要了解目前的市场情况，预测项目在实施中可能遇到的常见问题和解决方案。目前，在一线负责这项工作的教师大多是从事学生管理工作的辅导员，以及团委书记等。这些教师大多比较年轻，社会阅历少，基本没有系统地接受过创业岗前培训，缺少理论知识储备。另外，他们平时还要做大量的学生管理工作，无法深入研究和全面指导学生的创业工作。

创新创业教育需要灵活多样的教学方法，如项目教学、案例分析、模拟实践等。然而，许多教师习惯于传统的讲授式教学方法，讲授的内容主要是国家就业创业形势、相关政策和大学生就业创业技巧，而对大学生职业生涯规划、就业创业实践方面的内容则关注较少。创业指导教师缺乏对新型教学模式的探索和应用，无法充分调动学生的积极性和主动性，这不仅降低了课堂的互动性和实效性，而且削弱了学生在实际创业过程中解决问题的能力。部分高校没有为这些教师设立专项培养规划，导致他们没有参与专业培训的机会，授课形式单一，内容陈旧，不能满足新时代背景下高校毕业生的就业创业需求，制约了高校就业创业工作的可持续发展。

（四）针对创业指导教师的管理和激励机制不够健全

高校创业教育在学校层面虽然有统一的管理机构，但在大部分高校，从事创业指导工作的教师分布在不同院系，这些院系再根据自己的学科和专业特点为学生进行创业指导。不同院系侧重点不同，难免有交叉甚至重复的现象，浪费了许多人力和物力。很多高校无法将创业指导工作纳入全校“一盘棋”并进行统筹安排。

创业指导课程的考核一般是按普通课程的考核要求进行，但在职称评定时，它却没有作为学科方向被单独列出，导致讲授创业指导课程的教师在评定职称时没有成就感。此外，该课程常被视为专业课程的附属，甚至少数高校片面地认为讲授该课程的教师专业水平不达标，教授该课程只是为了充实专业课教学的工作量。目前，大部分高校的考评机制以个人专业业绩为基础，严重影响了创业指导教师开展教学和实践工作的积极性。

第三节　高校创业指导教师能力培养的新趋势

一、进一步健全管理体制与机制

在高校层面成立创业教育工作领导小组，由高校主要领导担任组长，由各院系职能部门负责人担任成员。这样既可以为创业指导工作的全面开展与推进提供强有力的组织保障，又能体现高校决策层对创业指导工作的支持与肯定。

在各院系设立专门的创业指导教师岗位，这些教师具有丰富的实践经验，由校级领导小组直接指导。提高高校对各院系职能部门的调控能力，加大院系之间的工作交流力度，避免工作上的交叉和重复。此外，增加创业指导教师数量，使这些教师能够完成对学生就业创业的过程化服务。加大对创业指导教师的培养力度，使其朝着专业化的方向不断发展。同时，加强创业教育公共资源建设，进一步为创业教育的有序开展提供强有力的保障。接下来，笔者以江汉大学、武汉商学院、武汉城市职业学院为例展开介绍。

2017年，江汉大学成立了“双创”人才培养模式改革专项小组，由校党委书记和校长任组长，进一步完善了多部门齐抓共管的创新创业教育工作机制。创业学院的正式成立，进一步推动校内外各类资源的整合，构建了学校、政府和社会三位一体的创新创业特色教育体系。秉承“出实招、做实事、出实效、强基础、搭平台、重引导”的原则，江汉大学积极打造良好的创新创业教育环境，推进产学研深度融合、科学发展，优化创新创业的工作机制，践行“为创业青年服务”的理念，引导、教育、帮扶有志于创新创业的青年学子，树立创业典型，让他们在创业中找到支点，实现梦想，为服务地方经济社会发展贡献力量。

武汉商学院成立了大学生创新创业训练计划工作领导小组（简称工作领导小组）和指导委员会。工作领导小组组长由分管教学工作的副校长担任，成员是各相关职能部门的主要负责人。工作领导小组负责大学生创新创业训练计划工作的统筹规划、政策制定、经费保障等决策工作和日常管理工作。指导委员会的组长也由分管教学工作的副校长担任，成员包括院系领导、校内外专家。指导委员会负责对大学生创新创业训练计划项目及实施方案开展论证、立项、检查、评估、验收等工作，以及指导和督促学校开设与创新创业训练有关的创新思维、创新方法、项目管理、企业管理和风险投资类选修课程，提出其他咨询性意见和建议。武汉商学院于2020年制定了《大学生课外学术科技文化活动管理办法》，提供专项经费，支持学生参与创业赛事，积极进行创业项目孵化，激励学生开展创新创业实践。

武汉城市职业学院成立了由党委书记、校长任组长，分管教学、学生工作的副校长任副组长，二级学院主要负责人和教务处、学工处等相关职能部门负责人为组员的创新创业教育工作领导小组，在顶层设计、管理机制、教法改革、实践训练、教学管理、教师队伍等方面扎实开展工作，以学校专业为基础，以校内外资源为依托，通过“普及教育—实验班引领—实体孵化指导”相结合的教学模式，致力于培育大学生的创新精神、创业意识和创新创业能力，形成了良好的创新创业教育生态体系。武汉城市职业学院先后出台《大学生创新创业促进办法》《创新创业课程替换与学分认定实施办法》《大学生创新创业资金扶持管理办法》等十多个文件，同时建立健全创业校友档案，为学生创业提供持续帮扶、全程指导。

二、加大创业指导教师培养力度

聘请经验丰富的创业指导教师，有利于高校做好创业指导工作。高校要加强对这些教师的培养力度，开展全方位的专业培训，完善他们的知识体系，使他们为学生提供的创业指导更具规范性、科学性，建成一支稳定的、高水平的创业指导教师队伍。在互联网技术快速发展的背景下，高校要努力实现信息互通、资源共享，增强创业指导教师的协作能力，畅通创业指导教师与用人单位和学生的信息沟通渠道。另外，高校要制订创业指导教师工作指南，建立完整、科学的课程体系，使创业指导工作变得有章可循、有据可依。在加大创业指导教师培养力度方面，宁德师范学院、江汉大学、上海理工大学的经验值得我们借鉴。

宁德师范学院采用“走出去、引进来”的模式，全面提升创业指导教师的工作能力。鼓励和支持专业教师参与创新创业课程教学；鼓励和支持教师到企事业单位挂职实践，提升创新创业实践能力；鼓励和支持教师参与创业实践指导与培训活动。聘请职业经理人、企业家、创业成功人士、专家等担任兼职教师及学生创业指导教师，形成一支校内外结合、专兼职结合、具有“双师型”素养的创业指导教师队伍。在教学考核、职称评定、培训培养、经费支持等方面对创业指导教师给予适当倾斜。将创新创业教育纳入学校教育教学评价体系，对积极开展创新创业教育的专业教师给予肯定，对表现突出的教师给予表彰；定期组织教师培训和学习，引导教师结合创新创业教育开展案例和理论研究，不断提高教学研究与指导水平。

江汉大学建立了专兼职相结合的创业指导教师队伍。充分发挥专职创业指导教师在创新创业课程设计、创业项目计划书撰写等方面的优势，开展好创新创业课程的建设工作。强化兼职创业指导教师具有较强专业能力的优势。大力促进专职和兼职创业指导教师的沟通和合作，通过专职和兼职创业指导教师培训、项目指导、课程设计讨论等方式，整合两支教师队伍，提高学校创新创业教育的质量。此外，江汉大学积极强化教师创新创业能力的培养。将创新创业教育作为教师岗前培训、继续教育的重要内容，支持创业指导教师到企业、行业进行挂职锻炼，支持创业指导教师到国内外知名高校和企业访学、培训和交流，通过多种支持方式提升创业指导教师的研究和实践能力。

上海理工大学通过多种途径促进创业指导教师的能力提升。在师生互动方面，学校以实施本科教学教师激励计划为契机，构建教师和学生相互作用的“师生共同体”，根据学生学业需求和发展类型，设置学习坊、创新坊和创业坊，全面实行学士导师制，将创业指导教师服务学生落实为制度，使创新创业课程从以教为主向以学为主转变，使课程以课堂教学为主向课内外相结合转变。针对学生的不同需求，为他们指派不同的教师。通过建立创新创业训练计划团队指导平台、学科竞赛平台、创新创业训练营、校友创客联盟和校外创业实践基地等协同育人平台，让教师参与学生的创新创业活动，强化师生互动，为教师充分施展能力提供平台。学校鼓励创业指导教师参与创业理论和创业实践的相关研究，设置校级教学改革项目和教师教学发展研究项目，对创新创业专题或系列研究给予重点支持，促进教师在教学方法上做出创新，在认识水平与研究能力方面不断提升。

三、推进校企合作，实现创业教育与社会需求接轨

高校创业指导教师大多没有创业经历，很难引导学生实施符合社会需求的创业项目。高校应鼓励创业指导教师深入企业接受锻炼，充分利用校外的创业实践经验，与校内教师实现优势互补，提高学生的创业能力。高校可以与企业广泛开展合作，聘请企业人员在校内担任创业指导教师，带领学生在真实的社会环境中进行创业演练，与其他创业者进行竞争。高校的创业项目大多与教师的科研工作联系紧密，因此，高校可以尝试鼓励教师和学生共同创业。在专业教师的持续指导下，即使学生毕业，创业项目也可以继续孵化。在校企合作方面，南京理工大学、北京工业大学的经验值得我们借鉴。

南京理工大学积极完善校内实训载体，建成了若干个专业综合实验中心和校企合作实验室，打造了多学科交叉融合的工程训练中心，深化校企合作，创建了开放式公共服务平台。在加强校企对接方面，学校积极开展多种形式的产学研对接活动，为校企合作搭建桥梁。与重点企业联合承担国家科技重大专项、重点研发计划项目、重大科技成果转化项目，积极培育重大成果，推进相应领域的研究成果在企业实现转化。在组建校企联盟方面，学校与企业开展深入广泛的合作，打通成果转化、落地的通道。整合资源，组成服务联盟，为企业提供专利情报、产业情报、技术情报和市场情报，建立一站式全流程科技服务平台，提高平台的开放性，实现创新创业服务的实时化和常态化。

北京工业大学与企事业单位共同建立了100多个实践教学基地，联合培养

应用型创新创业人才，开办“正大班”“君正班”等校企合作订单班，促进产学研创有机结合。学校与神华北电胜利能源有限公司、大庄园肉业集团股份有限公司等国内知名企业共建孵化器，为学生搭建创业实践交流平台。组建创业指导教师队伍，聘请校友、专家、企业家等开展讲座，对学生的创业项目实施“一对一”跟踪。学校与多家企业共同筹建了现代农业技术创新服务平台，对接现代高效农业产业链，与行业标杆骨干企业合作，瞄准产业关键核心技术，解决了中小企业在技术研发方面面临的问题。

四、建立保障措施，健全创业教育长效激励机制

高校需要充分尊重创业指导教师的工作成绩，建立相应的激励机制，为从事创业指导工作的教师搭建平台，促使他们不断成长。例如，在职称评定方面，高校可以为创业指导教师设置一定数量的高级职称名额；在校内立项的创业项目中，高校可以给予创业指导教师相应的指导和倾斜；高校还可以在校内定期举行创业课程沙龙，组织教师参与创业指导课程研讨、教材编写、课题申报等工作。高校也应为教师提供更多的职业发展机会，让他们有动力持续提升自己，在创新的同时，也不忘传统，坚持教学理念，坚持教书育人，坚持为学生服务，这样才能激发他们的工作热情，调动他们的工作积极性。在健全创业教育长效激励机制方面，鞍山师范学院、广州工商学院、贵州警察学院的经验值得我们借鉴。

鞍山师范学院实施了创业指导教师激励措施，每位创业指导教师通过考核后都能获得由学校颁发的证书；根据工作安排，创业指导教师需要开展课程、讲座、沙龙、论坛或咨询，校内专职教师按实际情况核算教学任务，校外兼职教师按学校财务规定领取酬金；学校每年对创业指导教师进行评估，选出年度校内十佳创新创业导师、校外十佳创新创业导师，由学校颁发荣誉证书；加强创业指导教师宣传推介，通过各类活动宣传推广创业指导教师的工作业绩，定期举办大学生创业指导教师讲堂、论坛、沙龙、讲座等活动，搭建师生服务交流平台。

广州工商学院成立了创新创业教育办公室，每年对创业指导教师开展创业

指导服务工作的情况进行评定，为在创业指导活动中积极主动、成效显著的教师授予“广州工商学院优秀创新创业导师”称号；根据创业指导教师的个人需要和学校的实际情况，积极安排教师走进企业参与创业实践，并建立教师服务绩效档案。学校要求各学院、大学生创业苗圃、创新创业教育办公室定期记载每位创业指导教师开展创业指导的情况，并收集大学生对这些教师的意见和建议，建立创业指导教师服务满意度调查档案，为教师续聘及考评提供依据。此外，学校如实记录创业指导教师指导大学生创业项目参加各类项目申报、评比、竞赛、科研等活动的情况，对于在这些活动中获得相关荣誉或取得突出成绩的创业指导教师给予奖励，这些都是教师续聘和考评的重要指标。

贵州警察学院发布了创业指导教师激励办法。对于通过结题验收的创业项目，学校会根据有关规定，为创业指导教师计算教学工作量。如果教师指导的创业项目获得省级及国家级立项，或者获得省级及国家级荣誉，学校会给予教师一定的奖励。学校定期公布参与大学生创新创业项目指导工作的教师名单，定期评选优秀创业指导教师，按学院有关奖励办法给予他们奖励。学校通过开展多姿多彩的课外创新创业活动，积极在校园内营造创业文化氛围，对在这些活动中表现优异的创业指导教师给予一定的奖励。

五、搭建多元平台，促进创业指导教师队伍成果落地转化

高校应充分了解并利用国家和地方政府出台的针对大学生创业的利好政策，积极申报不同级别的创业示范基地，组织创业指导教师申报高级别的创业教育教学改革项目。当前，国家非常重视针对大学生的创业指导工作，高校应主动抓住机遇，为学生提供更好的创业指导服务，提升创业指导教师队伍工作水平，建立和完善创业指导教师聘任、培养、使用、考核和激励制度，造就一支高素质的创业指导教师队伍。高校应充分利用资源，搭建大学生创业项目校企对接平台，遴选一批技术过硬、市场潜力大、急需大企业支持的大学生创业团队，以线上线下相结合方式，集中面向企业示范基地及其下属创新型企业、国家新兴产业创业投资引导基金等开展项目推介和对接活动，畅通创业团队沟通渠道，努力促成一批创业项目的成果实现落地转化。在促进创业指导教师队

伍成果落地转化方面，南京理工大学、上海对外经贸大学、宁波大学的经验值得我们借鉴。

南京理工大学建设了高层次科研平台，以国家级、省部级科研平台为基础，加强资源整合，促进学科交叉，科学管理运营，重点建设了一批高水平开放式科研平台，并且打造了线上线下知识产权交易平台。2017年，南京理工大学联合知识产权出版社有限责任公司、江苏南大苏富特科技股份有限公司等单位，共同打造首个面向高校的知识产权运营交易平台。该平台汇聚了最权威的科技成果、运营实践、平台开发等资源，为高校的成果供给提供开放式平台支撑。基于“互联网＋知识产权”视角，南京理工大学致力于破解中国高校技术处置权难题以及成果转化率低、投入产出失衡等困境，建立高校成果的标引加工体系，解决专利成果的评价指标、评价方法问题；建立“专利超市”，同时运用大数据对企业需求进行洞察和标引分析，依托供需双向标引和智能迭代匹配实现技术与资本结合、研发与需求结合、科技与产业结合，畅通技术转移路径。

上海对外经贸大学服务国家和上海发展战略，打造了以“博实”国际商业创新创业精英人才特训班（简称“博实班”）为主体的国际化商科创业实训平台群。2017年以来，上海对外经贸大学围绕国家创新驱动发展战略、“一带一路”倡议、中国国际进口博览会，以及上海全球科创中心、自贸区扩区建设，探索国际商业创新创业精英人才培养模式，联合上海市大学生科技创业基金会、阿里巴巴上海研发中心，面向包含“一带一路”沿线国家在内的具有强烈创业意愿的创业学习者，以培养具备核心竞争力的城市创新服务型创业者为目标，每年定期开展为期一年的博士班，形成了国际化、实践化、协同式、浸润式示范性特色。截至2024年，已经有来自27个国家59所高校的学员参与了“博实班”，成功孵化创业公司49家，创业实践项目90个。学校为服务虹桥国际中央商务区产业发展规划，打造了“一轴三维四翼”创新创业服务平台，这就是“古北620”创业孵化基地。“古北620”创业孵化基地聚焦国际化和城市创新服务，充分整合学科专业优势、政府导向政策、企业创新要素、社会各方资源，成功孵化企业46家，设立众创区、初创区、加速区、示范区，促进更多创业项目实现成果转化。

宁波大学构建了“创新驱动＋分层递进”的双创成果培育平台。在创新培育方面，学校每年形成超过300项创新成果，每年选拔超过600支团队参加“挑战杯”全国大学生课外学术科技作品竞赛、中国国际“互联网＋”大学生创新创业大赛等国家级赛事。在创业培育方面，学校实施了“创业种子计划”，每年组建约300支创业种子团队开展创业仿真训练。学校还建立了创业项目孵化平台，围绕学科专业特色建立了14个创新创业驱动中心，每年选拔700多个符合市场需求且具有良好市场前景的创新创业项目。2006年，学校建成了大学生创业园，每年能培育超过100个优质学生创业项目和创业公司，获得了非常可观的经济效益和社会效益。

第四章 研究设计

本章将阐述本研究所采用的方法和框架，不仅关注高校创业指导教师当前的表现，而且致力于发现提升高校创业指导教师工作能力的潜在途径。本章将采用文献研究法、问卷调查法和案例分析法，以确保研究的全面性、深入性和实用性。

第一节 研究方法

一、文献研究法

高校创业指导教师工作的有效性对于培养学生的创新精神、创业意识及实践能力至关重要。在采用文献研究法时，我们通过阅读和分析重要文献，可以深入了解创新创业理论的发展历程、核心观点和最新进展，为构建研究框架提供坚实的理论基础。同时，在阅读和分析重要文献后，我们可以系统地梳理前人的研究成果，避免重复研究，确保研究的连贯性和深入性。

在中国知网（CNKI）上，以“高校创新创业教育”“大学生创新创业教育”“创新创业教育体系”等为关键词进行检索，得到超过700篇论文。这些论文从不同角度，分析了创新创业理论的发展历程、核心观点和最新进展，关注创业指导教师能力发展、高校大学生创业教育实践等内容，为笔者构建高校创业指导教师能力研究框架提供了理论支撑。

二、问卷调查法

笔者对高校创业指导教师进行了问卷调查研究，了解这些教师的基本信息与发展需要，分析高校创业指导教师能力构成及学校在创新创业方面的相关政策，研究与探索新形势下提升高校创业指导教师能力的机制。

（一）样本信息

问卷采取分层抽样，兼顾不同学校类型。参与问卷调查的创业指导教师来自武汉设计工程学院、武汉大学、中国地质大学（武汉）、中南民族大学、武汉城市职业学院、四川外国语大学、湖北大学、重庆工程职业技术学院、重庆理工大学、中国人民大学、武汉文理学院、中南财经政法大学、武汉商学院、重庆传媒职业学院、武汉工程科技学院、华中农业大学、武汉工程大学、重庆医科大学、湖北工业大学、淮南师范学院、华中科技大学、湖北经济学院、华中师范大学、中国政法大学、武汉理工大学、陕西师范大学、湖北交通职业技术学院、长江大学、武昌理工学院、武汉科技大学、武汉光谷职业学院、湖北轻工职业技术学院、武汉软件工程职业学院、天津理工大学、江汉大学等高校。在选择调查对象时，笔者综合考量了教师教龄、所属学校、教授学科、教师资质、教师职称、行政职务等方面的因素。问卷由基本信息和主体部分构成。其中，主体部分包含教师个人创新创业教育指导能力（包含客观数据和主观评估两个部分）、学校在创新创业教育方面的相关政策。笔者共发放了601份问卷，回收有效问卷601份，有效回收率为100%。笔者对问卷数据采用SPSS 26.0统计软件进行分析和处理。参与问卷调查的创业指导教师基本特征如表4.1所示。

表4.1 创业指导教师的基本特征

类别		值
性别	男性	47.25%
	女性	52.75%
平均年龄（岁）		32.71
学校	“双一流”建设高校	15.97%
	非“双一流”公办本科高校	41.26%
	民办本科高校	20.47%
	高职高专院校	22.30%
学科	哲学	1.30%
	经济学	7.30%
	法学	12.50%
	教育学	14.60%
	文学	8.70%
	历史学	0.50%
	理学	3.80%
	工学	16.00%
	农学	3.50%
	管理学	13.00%
	医学	0.70%
	军事学	0.20%
	艺术学	17.90%
最高学历	大学专科	2.66%
	大学本科	15.47%
	硕士研究生	72.88%
	博士研究生	8.99%
职称	助教	29.62%
	讲师	32.95%
	副教授	9.82%
	教授	2.50%
	暂无职称	25.12%

续表

类别		值
职务	副科级	11.65%
	正科级	13.64%
	副处级	4.49%
	正处级	1.50%
	正处级以上	0.33%
	暂无行政职务	68.39%
平均工作时长（年）		4.61
平均培训次数（次/学期）		2.07

如表4.1所示，创业指导教师呈现出以下特点。

就人口学特征来看，总样本中，男性占比47.25%，女性占比52.75%，男女比例基本持平；从事创新创业教育的教师平均年龄为32.71岁，平均工作时长为4.61年，每学期参加创新创业教育培训活动的平均次数为2.07次。

就创业指导教师所属学校层次来看，“双一流”建设高校占比15.97%，非“双一流”公办本科高校占比41.26%，民办本科高校占比20.47%，高职高专院校占比22.30%。

就创业指导教师教授的学科来看，在被调查的教师中，教授哲学的占比1.30%，教授经济学的占比7.30%，教授法学的占比12.50%，教授教育学的占比14.60%，教授文学的占比8.70%，教授历史学的占比0.50%，教授理学的占比3.80%，教授工学的占比16.00%，教授农学的占比3.50%，教授管理学的占比13.00%，教授医学的占比0.70%，教授军事学的占比0.20%，教授艺术学的占比17.90%。

就教师最高学历来看，大学专科学历占比2.66%，大学本科学历占比15.47%，硕士研究生学历占比72.88%，博士研究生学历占比8.99%。这反映了大部分教师拥有本科以上学历。

就教师个人职称来看，助教占比29.62%，讲师占比32.95%，副教授占比9.82%，教授占比2.50%，暂无职称的教师占比25.12%。大多数创业指导教师是助教和讲师。

就教师个人承担的行政职务来看，副科级占比11.65%，正科级占比13.64%，副处级占比4.49%，正处级占比1.50%，正处级以上占比0.33%，暂无行政职务的占比68.39%。绝大多数创业指导教师没有承担行政职务。

（二）研究工具

教师创新创业能力评价指标体系的设计参考了《专创融合对高校创新创业教育绩效的影响研究——基于12596份教师样本的实证分析》①，在此基础上，笔者结合研究需要和实际情况，对其进行了修改，最终形成了教师创新创业教育指导能力评价量表（概况见表4.2）。该量表一共由4个一级指标、10个二级指标、27个题项构成。量表采用五级李克特量表的评分方式：非常符合（5分），比较符合（4分），一般（3分），不太符合（2分），完全不符合（1分），均采用正向计分的方法。

表4.2　教师创新创业教育指导能力评价量表概况

一级指标	二级指标	题项分布	题量
教育教学能力	教育学知识	1、2	2
	教学组织能力	5、6	2
	课程开发能力	7、9、10、11	4
创新创业能力	创新创业精神	3、12	2
	创新创业知识	4、13、14、15、16	5
	专创融合能力	8、17、18	3
实践育人能力	实践能力	19、20、21、22、23	5
	师生共创	24、25	2
自主发展能力	创新创业研究	26	1
	终身学习	27	1

信度系数是权衡量表测验结果的指标，测得的信度系数越高，测量标准误差就越小，表明量表结果一致性越高，基于量表得出的结论也就越可靠。笔者经过分析，得出了量表的克隆巴赫系数（Cronbach’s alpha）(值为0.975，大

①赵国靖，龙泽海，黄兆信.专创融合对高校创新创业教育绩效的影响研究——基于12596份教师样本的实证分析[J].浙江社会科学，2022（7）：142-151.

于0.80，说明量表具有较好的信度）（见表4.3）。

表4.3　量表的可靠性分析

Cronbach’s alpha	项数
0.975	27

三、案例分析法

案例分析法作为一种有效的研究方法，能够提供深刻的见解和具体的实践证据。此方法不仅有助于我们深入探讨当前高校创新创业教育的现状，而且能具体展现创新创业教育的实施情况与成效。运用案例分析法，我们可以为高校创业教育的发展提供实证支持，进一步揭示在不同情境下高校创新创业教育的具体实施情况和实际效果，从而为高校创新创业教育的改革提供指导和建议。

为确保案例的广泛性，笔者选取了具有代表性的不同类型的高校，如综合性大学、理工类院校等，分析其创业教育的课程设置，包括必修课与选修课的比例、课程内容的创新性和实用性；评估教师在课程中使用的教学方法，如传统讲授、案例教学、模拟创业、实地考察等，探讨其有效性；考察高校投入的资源配置，包括师资力量、资金支持、实验设施等；研究学生在创业教育活动中的参与度，包括参与人数、活动形式、学生反馈等；分析创业教育的实际成效，如学生创业项目的成功率、学生满意度、社会认可度等。

第二节　研究框架

高校创业指导教师作为推动学生参与创业教育和提升学生创新创业能力的关键力量，其角色和能力对于高校创新创业生态的健康发展至关重要。高校创业指导教师不仅需要具备扎实的专业知识和教学技能，而且需要拥有丰富的实践经验、创新精神以及多种综合能力。从全方位的角度理解高校创业指导教师的能力，对于我们更好地推动学生创业教育发展，培养具有创新创业精神和实践能力的人才具有重要意义。

本书的研究思路如下：首先，基于理论研究，探究提升创新创业教育理念和创业指导教师能力的政策背景，创业指导教师能力的重要内涵，以及相关的概念界定和研究趋势；其次，基于实证研究，探析高校教师创新创业能力的现实表现及其影响因素；再次，基于案例研究，探讨地方高校创新创业实施方案；最后，提出高校创业指导教师能力培养的机制和对策。

本书分为八章。第一章介绍创新创业教育的政策背景，分别从创新创业教育的国家宏观政策、创业指导教师队伍建设和示范平台政策两个方面进行阐述。第二章是高校创业指导教师能力概述，阐述高校创业指导教师能力的内涵、理论基础，并梳理相关文献。第三章探讨高校创业指导教师能力培养的意义、背景及新趋势。第四章介绍本书的研究设计，对数据来源和样本信息进行描述，对教师创新创业能力评价指标体系进行说明，并介绍本研究的方法和框架。第五章是高校创业指导教师能力及其影响因素的实证调查，从宏观层面和微观层面探讨创业指导教师能力的影响因素。第六章探讨高校创业指导教师能力培养平台的构建问题，指出要构筑示范性高校创业指导师资能力培养基地，整合资源，完善创新创业教育网络。第七章介绍高校创业指导教师能力培养的国际经验，阐述国外高校创业指导教师能力的特征、应具备的条件，分析国外成功的实践案例，并以此为依托，在结合我国实际情况的同时，提出国外优秀案例对于我国高校建设创业指导教师培养体系的启示。第八章分析高校创业指导教师能力培养策略，从创业指导教师能力培养的理念、目标与内容切入，对创业指导教师能力的培养路径、保障机制进行探讨。

第五章 高校创业指导教师能力及其影响因素的实证调查

在当前全球经济发展的新格局与不断涌现的新需求背景下，创新创业教育已成为各国增强大学生创新能力、驱动区域经济增长、引领技术革新以及提升国际竞争力的核心引擎。面对这一时代背景，我国政府将创新驱动发展作为战略，大力推动高校培养兼具创新精神与实践能力的创新创业人才。高校创业指导教师扮演着至关重要的角色，是培育我国创新创业人才的重要力量。高校创业指导教师的能力不仅直接关系着高校创新创业教育的质量提升，而且是决定我国创新创业教育能否取得突破性进展的重要因素。本章通过对问卷调查获取的第一手数据进行统计分析，呈现高校创新创业教育的整体情况，并对高校创业指导师资队伍的构成、能力现状展开分析，结合教师个人因素和学校因素，探讨高校创业指导教师能力的影响因素，并进行深入讨论。

第一节　高校创新创业教育整体情况

一、学校在创新创业教育方面提供的政策支持

本研究设计了“学校在创新创业教育方面的相关政策”量表，包括课程体系、师资建设、组织领导、机制保障四个维度，共20个题项（见表5.1）。信度检验表明，该量表的克隆巴赫系数大于0.7，具有较好的内部一致性。

表5.1　学校在创新创业教育方面的相关政策

维　　度	题　　项
课程体系	1.本校将创新创业教育与专业教育相融合 2.本校编有满足学生多样化学习需求的创业教材 3.结合学校的专业学科特色开展创业教育
师资建设	4.本校鼓励创业指导教师提升学历、继续深造 5.本校为创业指导教师专业发展做出了科学的职业生涯规划 6.本校重视创业指导教师的创新创业教育理论水平提升与实践训练 7.本校鼓励创业指导教师到企业进行挂职锻炼，积累更多的创业经验
组织领导	8.本校重视创新创业教育，有相关工作领导小组 9.本校有系统的创新创业教育发展专项规划 10.本校成立了专门的创业管理部门（如创业学院） 11.本校已配备创新创业教育师资和专职管理人员 12.本校创业学院有专门的办公、实践场地，具备良好的软环境 13.本校二级学院的考核包含创新创业教育业绩指标
机制保障	14.本校制定了专业教师参与创新创业教育教学的激励机制 15.本校强调跨学院或跨学科的创新创业教育合作机制 16.本校鼓励创业指导教师参与基于创新的创业或高端技术的创业 17.本校积极落实各级政府出台的创业支持政策 18.本校有充足的创新创业教育工作经费 19.本校大学生创业园或众创空间有良好的运行机制 20.本校有相对独立的针对创业指导教师的职称晋升机制

对变量进行了重新编码，变量取值范围从大到小，依次为：5=非常符合；4=比较符合；3=一般；2=不太符合；1=完全不符合。计算各维度得分，得出如表5.2所示的数值。

表5.2　学校在创新创业教育方面的相关政策各维度得分情况

项目	样本数（N）	得分			
		最小值	最大值	均值	标准差
维度总得分	601	20.00	100.00	77.98	16.39
课程体系维度得分	601	3.00	15.00	11.56	2.66
师资建设维度得分	601	4.00	20.00	15.62	3.49
组织领导维度得分	601	6.00	30.00	23.66	4.96
机制保障维度得分	601	7.00	35.00	27.14	6.06

通过对高校在创新创业教育方面相关政策的实证调查与分析，笔者发现，高校在课程体系、师资建设、组织领导及机制保障四个维度均有较为完善的政策支持，但各维度之间存在显著差异。总得分最小值为20.00，最大值为100.00，均值为77.98，这表明高校创新创业教育相关政策的整体设计较为完善。其中，在课程体系维度，均值为11.56，标准差为2.66；在师资建设维度，均值为15.62，标准差为3.49；在组织领导维度，均值为23.66，标准差为4.96；在机制保障维度，均值为27.14，标准差为6.06。结果表明，课程体系和师资建设维度的政策仍有提升空间，机制保障维度的政策表现最好，但不同学校间差异显著。整体来看，高校需进一步加强政策的一致性和执行力度，特别是在创业指导教师专业发展的支持和创新创业教育资源的整合上，以更好地提升创新创业教育的质量和效果。

二、高校创业指导师资队伍构成

（一）不同类型学校中教师的最高学历情况

表5.3展示了学校类型与教师最高学历情况。

表5.3　学校类型与教师最高学历情况

学校类型	最高学历				
	大学专科	大学本科	硕士研究生	博士研究生	总计
“双一流”建设高校	0.2%	3.8%	9.2%	2.8%	16.0%

续表

学校类型	最高学历				
	大学专科	大学本科	硕士研究生	博士研究生	总计
非“双一流”公办本科高校	0.2%	2.8%	32.8%	5.5%	41.3%
民办本科高校	0.3%	1.8%	18.0%	0.3%	20.4%
高职高专院校	2.0%	7.0%	13.0%	0.3%	22.3%
总计	2.7%	15.4%	73.0%	8.9%	100.0%

在参与调查的高校创业指导教师中，创业指导教师在非“双一流”公办本科高校任职最多，占41.3%，在非“双一流”公办本科高校任职的教师中，教师最高学历为硕士研究生的占比最多，占32.8%，最高学历为大学专科的占比最少，占0.2%；创业指导教师在“双一流”建设高校任职最少，占16.0%，在“双一流”建设高校任职的教师中，最高学历为硕士研究生的占比最多，占9.2%，最高学历为大学专科的占比最少，占0.2%。创业指导教师在民办本科高校任职和在高职高专院校任职人数占比差不多，均占20%左右。其中，在民办本科高校任职的创业指导教师中，最高学历为硕士研究生的占比最多，占18.0%，最高学历为大学专科和博士研究生的占比均较少，均占0.3%。在高职高专院校任职的创业指导教师中，最高学历为硕士研究生的占比最多，占13.0%，最高学历为博士研究生的占比最少，占0.3%。

（二）不同类型学校中教师的年龄情况

表5.4展示了不同类型学校中教师的年龄情况。

表5.4　学校类型与教师年龄情况

学校类型	教师年龄			
	20—30岁	31—40岁	41岁及以上	总计
“双一流”建设高校	10.7%	4.5%	0.8%	16.0%
非“双一流”公办本科高校	18.8%	17.2%	5.4%	41.4%
民办本科高校	8.2%	7.9%	4.2%	20.3%

续表

学校类型	教师年龄			
	20—30岁	31—40岁	41岁及以上	总计
高职高专院校	10.9%	9.7%	1.7%	22.3%
总计	48.6%	39.3%	12.1%	100.0%

如表5.4所示，在非“双一流”公办本科高校任职的创业指导教师中，年龄为20—30岁和31—40岁的占比差不多，均占18%左右，年龄为41岁及以上的占比最少，占5.4%；在“双一流”建设高校任职的创业指导教师中，年龄为20—30岁的占比最多，占10.7%，年龄为41岁及以上的占比最少，占0.8%；在民办本科高校任职的创业指导教师中，年龄为20—30岁和31—40岁的占比差不多，均占8%左右，年龄为41岁及以上的占比最少，占4.2%；在高职高专院校任职的创业指导教师中，年龄为20—30岁和31—40岁的占比差不多，均占10%左右，年龄为41岁及以上的占比最少，占1.7%。

（三）不同类型学校中教师的职称情况

表5.5展示了学校类型与教师职称情况。

表5.5　学校类型与教师职称情况

学校类型	职称					
	助教	讲师	副教授	教授	暂无职称	总计
“双一流”建设高校	4.0%	5.3%	1.3%	0.8%	4.6%	16.0%
非“双一流”公办本科高校	12.3%	16.6%	4.2%	0.8%	7.3%	41.2%
民办本科高校	7.3%	6.8%	3.9%	0.8%	1.7%	20.5%
高职高专院校	6.0%	4.2%	0.5%	0.0%	11.6%	22.3%
总计	29.6%	32.9%	9.9%	2.4%	25.2%	100.0%

如表5.5所示，在非“双一流”公办本科高校任职的创业指导教师中，职称为讲师的占比最多，占16.6%，职称为教授的占比最少，占0.8%；在“双一流”建设高校任职的创业指导教师中，职称为讲师的占比最多，占5.3%，

职称为教授的占比最少，占0.8%；在民办本科高校任职的创业指导教师中，职称为助教和讲师的占比差不多，均占7%左右，职称为教授的占比最少，占0.8%；在高职高专院校任职的创业指导教师中，暂无职称的占比最多，占11.6%，无职称为教授的创业指导教师。

（四）不同类型学校中教师的职务情况

表5.6展示了学校类型与教师职务情况。

表5.6 学校类型与教师职务情况

学校类型	职务						
	副科级	正科级	副处级	正处级	正处级以上	暂无行政职务	总计
“双一流”建设高校	2.0%	3.0%	0.7%	0.3%	0.2%	9.8%	16.0%
非“双一流”公办本科高校	7.3%	7.6%	2.2%	0.8%	0.0%	23.1%	41.0%
民办本科高校	0.2%	1.2%	1.2%	0.3%	0.2%	17.5%	20.6%
高职高专院校	2.2%	1.7%	0.5%	0.0%	0.0%	18.0%	22.4%
总计	11.7%	13.5%	4.6%	1.4%	0.4%	68.4%	100.0%

如表5.6所示，在非“双一流”公办本科高校任职的创业指导教师中，暂无行政职务的占比最多，占23.1%，无职务为正处级以上的创业指导教师；在“双一流”建设高校任职的创业指导教师中，暂无行政职务的占比最多，占9.8%，职务为正处级和正处级以上的占比差不多，均占0.2%左右；在民办本科高校任职的创业指导教师中，暂无行政职务的占比最多，占17.5%，职务为副科级和正处级以上的占比相同，各占0.2%；在高职高专院校任职的创业指导教师中，暂无行政职务的占比最多，占18.0%，无职务为正处级和正处级以上的创业指导教师。

（五）不同类型学校中教师所属学科情况

表5.7展示了教师所属学科与学校类型的情况。

表5.7 教师所属学科与学校类型情况

教师所属学科	学校类型				
	“双一流”建设高校	非“双一流”公办本科高校	民办本科高校	高职高专院校	总计
哲学	0.5%	0.0%	0.2%	0.6%	1.3%
经济学	1.0%	4.7%	0.2%	1.4%	7.3%
法学	2.2%	7.7%	1.5%	1.1%	12.5%
教育学	2.0%	6.2%	2.7%	3.7%	14.6%
文学	1.3%	2.8%	3.2%	1.3%	8.6%
历史学	0.2%	0.3%	0.0%	0.0%	0.5%
理学	1.2%	2.3%	0.0%	0.3%	3.8%
工学	3.0%	7.0%	2.3%	3.7%	16.0%
农学	1.7%	1.0%	0.0%	0.8%	3.5%
管理学	2.2%	4.3%	2.2%	4.3%	13.0%
医学	0.0%	0.0%	0.2%	0.5%	0.7%
军事学	0.0%	0.0%	0.2%	0.0%	0.2%
艺术学	0.8%	5.0%	8.0%	4.2%	18.0%
总计	16.1%	41.3%	20.7%	21.9%	100.0%

如表5.7所示，在非“双一流”公办本科高校任职的创业指导教师中，所属学科为法学的占比最多，占7.7%，无所属学科为哲学、医学和军事学的教师；在“双一流”建设高校任职的创业指导教师中，所属学科为工学的占比最多，占3.0%，无所属学科为医学和军事学的创业指导教师；在民办本科高校任职的创业指导教师中，所属学科为艺术学的占比最多，占8.0%，无所属学科为历史学、理学和农学的创业指导教师；在高职高专院校任职的创业指导教师中，所属学科为管理学和艺术学的占比差不多，均占4.2%左右，无所属学科为历史学和军事学的创业指导教师。

第二节 高校创业指导教师能力及其影响因素

笔者将从三个方面探讨高校创业指导教师能力的影响因素。首先，通过描述分析，全面了解当前高校创业指导教师的能力水平。将教师创新创业能力细分为四个维度，分别进行深入探讨。其次，笔者进行差异性分析，从性别、学校类型、学历、职务、职称等五个维度出发，探讨这些因素如何影响创业指导教师的能力。最后，从主观与客观两个维度探讨影响高校创业指导教师能力的各种因素，旨在找出提升教师能力的有效途径。

一、高校创业指导教师能力现状调查

（一）创业指导教师能力总体情况

表5.8是高校创业指导教师能力的一级指标的描述统计情况。

表5.8 高校创业指导教师能力的一级指标的描述统计情况

项目	样本数（N）	得分			
		最小值	最大值	均值	标准差
能力总得分	601	27	135	94.26	21.24
教育教学能力得分	601	8	40	28.07	6.30
创新创业能力得分	601	10	50	35.91	8.10
实践育人能力得分	601	7	35	23.05	6.37
自主发展能力得分	601	2	10	7.22	1.90

如表5.8所示，在高校创业指导教师能力的四个维度的得分中，创新创业能力的得分最高，均值为35.91分，标准差为8.10，说明教师的创新创业能力高低分相差较大，有创新创业能力比较突出的教师，也有创新创业能力比较差的教师；自主发展能力的得分最低，均值为7.22分，标准差为1.90，说明教师在该维度得分均较低。

（二）创业指导教师能力分维度情况

表5.9是高校创业指导教师能力的二级指标的描述统计情况。

表5.9　高校创业指导教师能力的二级指标的描述统计情况

项目	样本数（N）	得分			
		最小值	最大值	均值	标准差
教育学知识得分	601	2	10	7.42	1.69
教学组织能力得分	601	2	10	7.74	1.58
课程开发能力得分	601	4	20	12.91	3.91
创新创业精神得分	601	2	10	7.48	1.71
创新创业知识得分	601	5	25	17.38	4.33
专创融合能力得分	601	3	15	11.05	2.52
实践能力得分	601	5	25	16.38	4.64
师生共创得分	601	2	10	6.67	2.10
创新创业研究得分	601	1	5	3.55	1.01
终身学习得分	601	1	5	3.68	0.98

如表5.9所示，在高校创业指导教师能力的10个二级指标中，得分最高的是创新创业知识这一指标，均值为17.38分，标准差为4.33，说明教师创新创业知识的高低分相差较大，有掌握较多创新创业知识的教师，也有掌握相关双创知识较少的教师；得分最低的是创新创业研究这一维度，均值为3.55分，标准差为1.01，说明教师在该维度的平均表现相对较差。

（三）创业指导教师能力的差异性分析

1. 性别差异

表5.10是高校创业指导教师能力的性别差异的独立样本分析结果。

表5.10　高校创业指导教师能力的性别差异的独立样本分析

得分	男（N=284）		女（N=317）		t	p
	M	SD	M	SD		
创新创业教育能力总得分	96.82	21.31	91.98	20.94	2.81	0.51

续表

得分	男（N=284）		女（N=317）		t	p
	M	SD	M	SD		
教育教学能力得分	28.76	6.42	27.46	6.14	2.54	0.40
创新创业能力得分	36.88	7.97	35.04	8.13	2.81	0.86
实践育人能力得分	23.89	6.40	22.31	6.26	3.05	0.61
自主发展能力得分	7.29	1.95	7.17	1.84	0.78	0.24

表5.10中的独立样本t检验结果显示，男性和女性教师在创新创业教育能力总得分、教育教学能力得分、创新创业能力得分、实践育人能力得分和自主发展能力得分上无显著差异。

2. 学校类型差异

表5.11是高校创业指导教师所属学校单因素方差分析结果。

表5.11　高校创业指导教师所属学校单因素方差分析结果

得分	学校类型	N	M	SD	F	p
创新创业教育能力总得分	“双一流”建设高校	96	95.32	20.21	0.42	0.74
	非“双一流”公办本科高校	248	93.16	21.12		
	民办本科高校	123	94.49	21.04		
	高职高专院校	134	95.33	22.44		
教育教学能力得分	“双一流”建设高校	96	28.48	6.08	0.54	0.66
	非“双一流”公办本科高校	248	27.71	6.25		
	民办本科高校	123	28.10	6.16		
	高职高专院校	134	28.43	6.70		
创新创业能力得分	“双一流”建设高校	96	36.53	7.30	0.39	0.76
	非“双一流”公办本科高校	248	35.57	8.19		
	民办本科高校	123	35.80	8.03		
	高职高专院校	134	36.19	8.57		
实践育人能力得分	“双一流”建设高校	96	22.83	6.48	0.41	0.75
	非“双一流”公办本科高校	248	22.82	6.23		
	民办本科高校	123	23.20	6.32		
	高职高专院校	134	23.51	6.64		

续表

得分	学校类型	N	M	SD	F	p
自主发展能力得分	"双一流"建设高校	96	7.48	1.81	1.55	0.20
	非"双一流"公办本科高校	248	7.06	1.87		
	民办本科高校	123	7.39	1.90		
	高职高专院校	134	7.20	2.00		

表5.11中的单因素方差分析结果显示，创业指导教师所属学校在创新创业教育能力总得分、教育教学能力得分、创新创业能力得分、实践育人能力得分和自主发展能力得分上无显著差异。

3. 学历差异

表5.12是创业指导教师最高学历单因素方差分析结果。

表5.12　创业指导教师最高学历单因素方差分析结果

得分	学历	N	M	SD	F	p	事后检验
创新创业教育能力总得分	大学专科	16	106.19	26.81	5.25	0.001	专科＞硕士 专科＞本科 博士＞本科 博士＞硕士
	大学本科	93	93.99	21.67			
	硕士研究生	438	92.86	20.40			
	博士研究生	54	102.65	22.87			
教育教学能力得分	大学专科	16	31.25	8.04	5.78	0.001	专科＞硕士 博士＞硕士 博士＞本科
	大学本科	93	28.01	6.42			
	硕士研究生	438	27.63	6.02			
	博士研究生	54	30.87	6.97			
创新创业能力得分	大学专科	16	39.56	9.56	4.56	0.004	专科＞硕士 博士＞硕士 博士＞本科
	大学本科	93	35.54	8.36			
	硕士研究生	438	35.46	7.83			
	博士研究生	54	39.15	8.55			
实践育人能力得分	大学专科	16	27.63	7.28	5.14	0.002	专科＞硕士 博士＞硕士 专科＞本科
	大学本科	93	23.33	6.26			
	硕士研究生	438	22.60	6.26			
	博士研究生	54	24.89	6.51			

续表

得分	学历	N	M	SD	F	p	事后检验
自主发展能力得分	大学专科	16	7.75	2.21	2.01	0.112	—
	大学本科	93	7.11	1.80			
	硕士研究生	438	7.17	1.89			
	博士研究生	54	7.74	1.98			

表5.12中的单因素方差分析结果显示，不同学历的创业指导教师在创新创业教育能力上存在显著差异。通过比较可以发现，最高学历为专科的教师的创新创业教育能力显著高于最高学历为硕士研究生的教师，最高学历为专科的教师的创新创业教育能力显著高于最高学历为本科的教师，最高学历为博士研究生的教师的创新创业教育能力显著高于最高学历为本科的教师，最高学历为博士研究生的教师的创新创业教育能力显著高于最高学历为硕士研究生的教师。就具体因子来看，最高学历为专科的教师的教育教学能力、创新创业能力和实践育人能力均显著高于最高学历为硕士研究生的教师，最高学历为博士研究生的教师的教育教学能力、创新创业能力和实践育人能力均显著高于最高学历为硕士研究生的教师，最高学历为博士研究生的教师的教育教学能力和创新创业能力均显著高于最高学历为本科的教师，最高学历为专科的教师的实践育人能力显著高于最高学历为本科的教师。

4. 职务差异

表5.13是创业指导教师职务单因素方差分析结果。

表5.13　创业指导教师职务单因素方差分析结果

得分	职务	N	M	SD	F	p
创新创业教育能力总得分	副科级	70	91.47	19.85	0.99	0.43
	正科级	82	97.60	21.91		
	副处级	27	96.71	18.75		
	正处级	9	100.23	22.64		
	正处级以上	2	103.50	23.33		
	暂无行政职务	411	93.73	21.44		

续表

得分	职务	N	M	SD	F	p
教育教学能力得分	副科级	70	26.93	6.13	1.17	0.32
	正科级	82	29.06	6.45		
	副处级	27	29.19	5.53		
	正处级	9	29.11	7.61		
	正处级以上	2	30.50	4.95		
	暂无行政职务	411	27.96	6.32		
创新创业能力得分	副科级	70	34.81	7.56	0.78	0.57
	正科级	82	36.72	8.13		
	副处级	27	37.22	7.53		
	正处级	9	38.00	8.26		
	正处级以上	2	39.50	7.78		
	暂无行政职务	411	35.79	8.22		
实践育人能力得分	副科级	70	22.87	5.92	1.11	0.36
	正科级	82	24.28	6.56		
	副处级	27	22.78	5.49		
	正处级	9	25.56	5.81		
	正处级以上	2	25.50	9.19		
	暂无行政职务	411	22.79	6.46		
自主发展能力得分	副科级	70	6.86	1.78	1.25	0.29
	正科级	82	7.54	1.80		
	副处级	27	7.52	1.78		
	正处级	9	7.56	1.59		
	正处级以上	2	8.00	1.41		
	暂无行政职务	411	7.19	1.94		

表5.13中的单因素方差分析结果显示，创业指导教师的行政职务在创新创业教育能力总得分、教育教学能力得分、创新创业能力得分、实践育人能力得分和自主发展能力得分上无显著差异。

5. 职称差异

表5.14是创业指导教师职称单因素方差分析结果。

表5.14　创业指导教师职称单因素方差分析结果

得分	职称	N	M	SD	F	p	事后检验
创新创业教育能力总得分	助教	178	88.90	18.89	7.07	＜0.01	
	讲师	198	95.69	22.83			
	副教授	59	102.63	20.52			
	教授	15	107.47	17.97			
	暂无职称	151	94.14	20.58			
教育教学能力得分	助教	178	26.31	5.62	8.13	＜0.01	
	讲师	198	28.67	6.52			
	副教授	59	30.73	6.24			
	教授	15	31.67	5.63			
	暂无职称	151	27.97	6.29			
创新创业能力得分	助教	178	33.79	7.11	6.9	＜0.01	教授＞副教授＞讲师＞暂无职称＞助教
	讲师	198	36.36	8.71			
	副教授	59	39.02	7.89			
	教授	15	40.53	6.69			
	暂无职称	151	36.15	7.96			
实践育人能力得分	助教	178	21.84	6.12	4.4	＜0.01	
	讲师	198	23.42	6.79			
	副教授	59	24.85	6.10			
	教授	15	26.87	5.13			
	暂无职称	151	22.93	6.02			
自主发展能力得分	助教	178	6.96	1.77	5.35	＜0.01	
	讲师	198	7.24	2.03			
	副教授	59	8.03	1.79			
	教授	15	8.40	1.59			
	暂无职称	151	7.09	1.83			

表5.14中的单因素方差分析结果显示，不同职称的创业指导教师在创新创业教育能力上存在显著差异。就具体因子来看，不同职称的创业指导教师在教育教学能力、创新创业能力、实践育人能力和自主发展能力上均存在显著差异，事后比较结果发现，教授的创新创业教育能力显著高于副教授，副教授的

创新创业教育能力显著高于讲师，讲师的创新创业教育能力显著高于暂无职称的教师，暂无职称的教师的创新创业教育能力显著高于助教。

二、高校创业指导教师能力的因子分析

（一）适应性分析

表5.15是KMO值和Bartlett检验分析结果。

表5.15 KMO值和Bartlett检验分析结果

KMO值		0.970
Bartlett值	近似卡方	17928.134
	自由度	351
	显著性	0.000

对量表展开因子分析，得到KMO值为0.970，大于0.7，Bartlett值也是显著的，因此选取的指标适合进行因子分析，并且在结构方面也有着较好的效度。

（二）提取公因子

表5.16是总方差解释。

表5.16 总方差解释

成分	初始特征值			提取载荷平方和		
	总计	方差百分比/（%）	累计/（%）	总计	方差百分比/（%）	累计/（%）
1	16.847	62.397	62.397	16.847	62.397	62.397
2	1.939	7.180	69.578	1.939	7.180	69.578
3	1.095	4.055	73.633	1.095	4.055	73.633

进行降维因子处理，前3个因子解释了全部方差的73.633%，说明提取的3个公因子能够代表教师从事创新创业教育实际情况的73.633%，表明数据信息损失较少，可以较好地解释初始数据，故提取3个公因子Y1、Y2、Y3。

（三）因子载荷分析

表5.17是旋转后的成分矩阵。

表5.17　旋转后的成分矩阵

因子	公因子		
	Y1	Y2	Y3
X19	0.801	0.264	0.208
X14	0.798	0.386	0.177
X11	0.782	0.134	0.187
X16	0.771	0.421	0.272
X15	0.745	0.463	0.262
X10	0.740	0.236	0.224
X13	0.697	0.489	0.286
X20	0.691	0.420	0.389
X21	0.639	0.460	0.431
X23	0.621	—	0.452
X22	0.615	0.458	0.415
X6	0.225	0.785	0.187
X2	0.266	0.781	0.109
X5	0.318	0.776	0.154
X4	0.127	0.775	0.298
X3	0.185	0.773	0.240
X8	0.302	0.750	0.350
X1	0.361	0.683	0.158
X17	0.517	0.617	0.360
X18	0.515	0.609	0.401
X7	0.459	0.575	0.331
X12	0.502	0.550	0.318
X9	0.516	0.526	0.292
X25	0.351	0.254	0.761
X26	0.314	0.400	0.754

续表

因子	公因子		
	Y1	Y2	Y3
X27	0.257	0.414	0.744
X24	0.530	0.211	0.631

使用最大方差法进行因子旋转，结果可知，公因子Y1在X10、X11、X13、X14、X15、X16、X19、X20、X21、X22、X23指标上具有较大的载荷，可归为一类；公因子Y2在X1—X9、X12、X17、X18指标上具有较大的载荷，可归为一类；公因子Y3在X24、X25、X26、X27指标上具有较大的载荷，可归为一类。

（四）计算因子得分

表5.18是成分系数得分矩阵。

表5.18　成分系数得分矩阵

因子	公因子		
	Y1	Y2	Y3
X1	−0.005	0.156	−0.115
X2	−0.044	0.215	−0.144
X3	−0.111	0.199	−0.022
X4	−0.150	0.197	0.036
X5	−0.036	0.196	−0.124
X6	−0.083	0.207	−0.075
X7	0.002	0.070	0.007
X8	−0.092	0.152	0.031
X9	0.042	0.051	−0.028
X10	0.193	−0.072	−0.084
X11	0.235	−0.107	−0.104
X12	0.026	0.057	−0.010
X13	0.121	0.012	−0.076
X14	0.206	−0.019	−0.165

续表

因子	公因子		
	Y1	Y2	Y3
X15	0.150	0.000	−0.102
X16	0.164	−0.021	−0.093
X17	0.010	0.070	0.005
X18	−0.001	0.060	0.037
X19	0.217	−0.068	−0.119
X20	0.100	−0.031	0.016
X21	0.062	−0.018	0.054
X22	0.057	−0.012	0.049
X23	0.108	−0.156	0.150
X24	0.002	−0.128	0.280
X25	−0.112	−0.110	0.418
X26	−0.146	−0.052	0.395
X27	−0.168	−0.036	0.400

根据因子得分系数矩阵，得出Y1、Y2、Y3的线性表达式为：

$$Y1 = -0.005 \times X1 - 0.044 \times X2 - 0.111 \times X3 + \cdots - 0.168 \times X27$$

$$Y2 = 0.156 \times X1 + 0.215 \times X2 + 0.199 \times X3 + \cdots - 0.036 \times X27$$

$$Y3 = -0.115 \times X1 - 0.144 \times X2 - 0.022 \times X3 + \cdots + 0.400 \times X27$$

根据以上因子得分，将其加权汇总，得到因子总分Y，Y的计算方法为：

$$Y = (0.62397/0.73633) \times Y1 + (0.07180/0.73633) \times Y2 + (0.04055/0.73633) \times Y3$$

$$= 0.8474 \times Y1 + 0.0975 \times Y2 + 0.055 \times Y3$$

由此可知，公因子Y1的权重为84.74%，公因子Y2的权重为9.75%，公因子Y3的权重为5.5%。其中，指标权重最大值为公因子Y1，最小值为公因子Y3。

三、高校创业指导教师能力的影响因素

在对影响高校创业指导教师能力因素的分析中，我们采用了多元线性回归模型。

（一）变量选择及测量

1. 因变量

研究的因变量为高校创业指导教师能力，笔者在问卷中设计了主观和客观两个维度的题目。

在主观维度，用教师从事创新创业教育实际情况量表来测量，该量表分为教育教学能力、创新创业能力、实践育人能力、自主发展能力四个维度，共27个题项，项目采用5点计分，“1”为“完全不符合”，“5”为“非常符合”，分数越高，表明教师创新创业教育能力越强。

在客观维度，用教师取得创新创业相关工作成果的情况来测量，问卷设计了7个题项，包括发表论文、出版教材或专著、获得专利、创新创业课程比赛获奖、主持创新创业科研项目、主持创新创业教研项目、其他，变量累计相加，得到创新创业相关工作成果总和，最小值为1，最大值为6，均值为1.56，标准差为1.044。

2. 自变量

研究的自变量包括个人因素和学校因素。其中，个人因素包括人口学信息、教育背景、创新创业经历。

（1）个人因素

个人因素包括以下内容。

一是反映教师人口学信息的变量，包括性别、所属学校。其中，性别的赋值“1”表示男性，“0”表示女性，性别以女性为参照；所属学校分为“双一流”建设高校、非“双一流”公办本科高校、民办本科高校、高职高专院校四个变量，每个变量中“否”赋值为“0”，“是”赋值为“1”。

二是反映教师教育背景的变量，包括教师受教育程度、目前职称、职务。其中，将受教育程度的变量转化为受教育年限，测量教师的平均学历；目前职称中，“暂无职称”赋值为“0”，“助教”赋值为“1”，“讲师”赋值为“2”，“副教授”赋值为“3”，“教授”赋值为“4”；职务中，“暂无行政职务”赋值为“0”，“副科级”赋值为“1”，“正科级”赋值为“2”，“副处级”赋值为

“3”，“正处级”赋值为“4”，“正处级以上”赋值为“5”。

三是反映教师创新创业经历的变量，包括从事创新创业教育工作的时长、每学期参加创新创业教育培训次数、主要负责创新创业教育的方向。其中，在主要负责创新创业教育的方向中，包括“理论课教学”“实践课教学”“行政管理工作”“其他”四个变量。“理论课教学”赋值为“1”，“实践课教学”赋值为“2”，“行政管理工作”赋值为“3”，“其他”赋值为“4”。

(2) 学校因素

学校因素主要是指学校关于创新创业教育的相关政策，用学校创新创业教育相关政策来测量，包括课程体系、师资建设、组织领导、机制保障四个维度，共20个题项，采用5点计分，“1”为“完全不符合”，“5”为“非常符合”，分数越高，表明学校在创新创业教育方面的相关政策越完善。变量之间存在较高的相关性，为了减少多重共线性的影响，研究将相关性较高的变量合并成一个新的变量，以降低共线性。将课程体系和师资建设两个维度变量相加，取平均值，生成新变量——“课程体系和师资建设方面”；将组织领导和机制保障两个维度变量相加，取平均值，生成新变量——“组织领导和机制保障方面”，即学校因素从“课程体系和师资建设方面”与“组织领导和机制保障方面”两个维度反映学校关于创新创业教育的相关政策。表5.19是变量界定与测量的情况。

表5.19　变量界定与测量的情况

<table>
<tr><th colspan="4">变量名称</th><th>变量界定与测量</th><th>均值</th><th>标准差</th></tr>
<tr><td rowspan="7">个人因素</td><td rowspan="5">人口学信息</td><td colspan="2">性别</td><td>0=女；1=男</td><td>0.47</td><td>0.499</td></tr>
<tr><td rowspan="4">所属学校</td><td>“双一流”建设高校</td><td rowspan="4">0=否；1=是</td><td>0.16</td><td>0.366</td></tr>
<tr><td>非“双一流”公办本科高校</td><td>0.41</td><td>0.492</td></tr>
<tr><td>民办本科高校</td><td>0.20</td><td>0.403</td></tr>
<tr><td>高职高专院校</td><td>0.22</td><td>0.416</td></tr>
<tr><td rowspan="2">教育背景</td><td colspan="2">受教育程度</td><td>教师受教育年限</td><td>18.79</td><td>1.794</td></tr>
<tr><td colspan="2">目前职称</td><td>0=暂无职称；1=助教；
2=讲师；3=副教授；
4=教授</td><td>1.35</td><td>1.038</td></tr>
</table>

续表

变量名称				变量界定与测量	均值	标准差
个人因素	教育背景	职务		0=暂无行政职务；1=副科级；2=正科级；3=副处级；4=正处级；5=正处级以上	0.60	1.015
	创新创业经历	从事创新创业教育工作的时长		—	4.61	5.285
		每学期参加创新创业教育培训次数		—	2.07	2.238
		主要负责创新创业教育的方向	理论课教学	1=理论课教学；2=实践课教学；3=行政管理工作；4=其他	0.36	0.481
			实践课教学		0.35	0.478
			行政管理工作		0.51	0.500
			其他		0.11	0.311
学校因素	学校创新创业教育相关政策	课程体系和师资建设方面		1=完全不符合；2=不太符合；3=一般；4=比较符合；5=非常符合	13.59	2.998
		组织领导和机制保障方面			25.40	5.415

（二） 分析结果

1. 主观维度：教师创新创业教育实际情况的影响因素

（1） 高校创业指导教师能力量表总体得分的影响因素

笔者从主观方面通过教师创新创业实际情况反映创业指导教师能力。表5.20是教师总体创新创业实际情况的多元线性回归分析的结果。调整后的R^2为0.476，即回归方程所能解释的因变量变异性的百分比为47.6%，模型结果显著（$p=0.000$），具有较好的拟合效果。

表5.20 影响教师总体创新创业教育实际情况的回归分析

变量		Beta	t	显著性	VIF
性别		0.073	2.357	0.019	1.090
所属学校	“双一流”建设高校	−0.058	−1.745	0.082	1.257
	民办本科高校	−0.001	−0.026	0.979	1.358

续表

变量		Beta	t	显著性	VIF
所属学校	高职高专院校	0.052	1.457	0.146	1.436
受教育程度		0.000	−0.002	0.998	1.384
目前职称		0.001	0.027	0.979	2.353
职务		−0.010	−0.273	0.785	1.393
从事创新创业教育工作时长		0.039	1.070	0.285	1.488
每学期参加创新创业教育培训次数		0.078	2.467	0.014	1.132
主要负责创新创业教育的方向	理论课教学	0.072	2.151	0.032	1.277
	实践课教学	0.130	3.742	0.000	1.379
	行政管理工作	0.008	0.218	0.828	1.687
	其他	−0.001	−0.036	0.971	1.321
学校创新创业教育相关政策	课程体系和师资建设方面	0.441	6.736	0.000	4.895
	组织领导和机制保障方面	0.175	2.686	0.007	4.836

注:因共线性问题,回归分析中所属学校为非“双一流”公办本科高校变量被自动排除。

在与教师人口学信息相关的变量特征中，教师性别对教师总体创新创业教育实际情况存在显著正向影响，即教师为男性，教师总体创新创业教育实际情况较好；教师所属学校类型对教师总体创新创业教育实际情况的影响不显著。

在与教师教育背景相关的变量特征中，教师受教育程度、目前职称、职务对教师总体创新创业教育实际情况的影响不显著。

在与教师创新创业经历相关的变量特征中，教师从事创新创业教育工作时长对教师总体创新创业教育实际情况的影响不显著；教师每学期参加创新创业教育培训次数对教师总体创新创业教育实际情况存在显著正向影响，即教师每学期参加创新创业教育培训活动的次数每增加1次，教师总体创新创业教育实际情况水平平均增加0.078个单位；从教师主要负责创新创业教育的方向来看，教师负责理论课教学和实践课教学对教师总体创新创业教育实际情况存在显著正向影响，即教师负责理论课教学每增加1个单位，教师总体创新创业教育实际情况水平平均增加0.072个单位，教师负责实践课教学每增加1个单位，教师总体创新创业教育实际情况水平平均增加0.130个单位。

在学校创新创业教育相关政策中，课程体系和师资建设方面的创新创业政策对教师总体创新创业教育实际情况存在显著正向影响，即课程体系和师资建设方面的创新创业政策每增加1个单位，教师总体创新创业教育实际情况水平平均增加0.441个单位；组织领导和机制保障方面的创新创业政策对教师总体创新创业教育实际情况存在显著正向影响，即组织领导和机制保障方面的创新创业政策每增加1个单位，教师总体创新创业教育实际情况水平平均增加0.175个单位。

(2) 高校创业指导教师能力量表分维度得分的影响因素

教师从事创新创业教育实际情况量表包括教育教学能力、创新创业能力、实践育人能力、自主发展能力四个维度。

表5.21是影响教师教育教学能力因素的多元线性回归分析的结果。调整后的R^2为0.411，即回归方程所能解释的因变量变异性的百分比为41.1%，模型结果显著（p=0.000），具有较好的拟合效果。

表5.21 影响教师教育教学能力因素的回归分析

变量		Beta	t	显著性	VIF
性别		0.063	1.928	0.054	1.090
所属学校	“双一流”建设高校	−0.041	−1.175	0.240	1.257
	民办本科高校	−0.003	−0.093	0.926	1.358
	高职高专院校	0.061	1.624	0.105	1.436
受教育程度		0.014	0.380	0.704	1.384
目前职称		0.022	0.449	0.654	2.353
职务		−0.028	−0.759	0.448	1.393
从事创新创业教育工作时长		0.057	1.496	0.135	1.488
每学期参加创新创业教育培训次数		0.100	2.992	0.003	1.132
主要负责创新创业教育的方向	理论课教学	0.084	2.370	0.018	1.277
	实践课教学	0.116	3.136	0.002	1.379
	行政管理工作	0.005	0.127	0.899	1.687
	其他	0.024	0.654	0.513	1.321

续表

变量		Beta	t	显著性	VIF
学校创新创业教育相关政策	课程体系和师资建设方面	0.368	5.303	0.000	4.895
	组织领导和机制保障方面	0.197	2.853	0.004	4.836

注:因共线性问题,回归分析中所属学校为非"双一流"公办本科高校变量被自动排除。

在与教师人口学信息相关的变量特征中，教师性别、所属学校类型对教师教育教学能力的影响不显著。

在教师教育背景相关的变量特征中，教师受教育程度、目前职称、职务对教师教育教学能力的影响不显著。

在与教师创新创业经历相关的变量特征中，教师从事创新创业教育工作时长对教师教育教学能力的影响不显著；教师每学期参加创新创业教育培训次数对教师教育教学能力存在显著正向影响，即教师每学期参加创新创业教育培训的次数每增加1次，教师教育教学能力水平平均增加0.100个单位；从教师主要负责创新创业教育的方向来看，教师负责理论课教学和实践课教学对教师教育教学能力存在显著正向影响，即教师负责理论课教学每增加1个单位，教师教育教学能力水平平均增加0.084个单位，教师负责实践课教学每增加1个单位，教师教育教学能力水平平均增加0.116个单位。

在学校创新创业教育相关政策中，课程体系和师资建设方面的创新创业政策对教师教育教学能力存在显著正向影响，即课程体系和师资建设方面的创新创业政策每增加1个单位，教师教育教学能力水平平均增加0.368个单位；组织领导和机制保障方面的创新创业政策对教师教育教学能力存在显著正向影响，即组织领导和机制保障方面的创新创业政策每增加1个单位，教师教育教学能力水平平均增加0.197个单位。

表5.22是影响教师创新创业能力因素的多元线性回归分析的结果。调整后的R^2为0.472，即回归方程所能解释的因变量变异性的百分比为47.2%，模型结果显著（p=0.000），具有较好的拟合效果。

表5.22　影响教师创新创业能力因素的回归分析

变量		Beta	t	显著性	VIF
性别		0.078	2.504	0.013	1.090
所属学校	“双一流”建设高校	−0.054	−1.626	0.104	1.257
	民办本科高校	−0.011	−0.308	0.758	1.358
	高职高专院校	0.037	1.037	0.300	1.436
受教育程度		0.025	0.715	0.475	1.384
目前职称		−0.015	−0.320	0.749	2.353
职务		−0.017	−0.481	0.630	1.393
从事创新创业教育工作时长		0.034	0.950	0.343	1.488
每学期参加创新创业教育培训次数		0.062	1.944	0.052	1.132
主要负责创新创业教育的方向	理论课教学	0.061	1.826	0.068	1.277
	实践课教学	0.103	2.941	0.003	1.379
	行政管理工作	0.007	0.180	0.857	1.687
	其他	0.004	0.127	0.899	1.321
学校创新创业教育相关政策	课程体系和师资建设方面	0.458	6.971	0.000	4.895
	组织领导和机制保障方面	0.176	2.694	0.007	4.896

注:因共线性问题,回归分析中所属学校为非“双一流”公办本科高校变量被自动排除。

在与教师人口学信息相关的变量特征中，教师性别对教师创新创业能力存在显著正向影响，即教师为男性，教师创新创业能力越强；教师所属学校类型对教师创新创业能力的影响不显著。

在与教师教育背景相关的变量特征中，教师受教育程度、目前职称、职务对教师创新创业能力的影响不显著。

在与教师创新创业经历相关的变量特征中，教师从事创新创业教育工作时长对教师创新创业能力的影响不显著；教师每学期参加创新创业教育培训次数对教师创新创业能力的影响不显著；从教师主要负责创新创业教育的方向来看，教师负责实践课教学对教师创新创业能力存在显著正向影响，即教师负责实践课教学每增加1个单位，教师创新创业能力水平平均增加0.103个单位。

在学校创新创业教育相关政策中，课程体系和师资建设方面的创新创业政策对教师创新创业能力存在显著正向影响，即课程体系和师资建设方面的创新创业政策每增加1个单位，教师创新创业能力水平平均增加0.458个单位；组织领导和机制保障方面的创新创业政策对教师创新创业能力存在显著正向影响，即组织领导和机制保障方面的创新创业政策每增加1个单位，教师创新创业能力水平平均增加0.176个单位。

表5.23是影响教师实践育人能力因素的多元线性回归分析的结果。调整后的R^2为0.352，即回归方程所能解释的因变量变异性的百分比为35.2%，模型结果显著（p=0.000），具有较好的拟合效果。

表5.23　影响教师实践育人能力因素的回归分析

变量		Beta	t	显著性	VIF
性别		0.084	2.433	0.015	1.090
所属学校	“双一流”建设高校	−0.078	−2.122	0.034	1.257
	民办本科高校	0.006	0.155	0.877	1.358
	高职高专院校	0.053	1.342	0.180	1.436
受教育程度		−0.045	−1.157	0.248	1.384
目前职称		−0.013	−0.253	0.801	2.353
职务		0.014	0.369	0.712	1.393
从事创新创业教育工作时长		0.025	0.614	0.539	1.488
每学期参加创新创业教育培训次数		0.077	2.185	0.029	1.132
主要负责创新创业教育的方向	理论课教学	0.061	1.635	0.103	1.277
	实践课教学	0.145	3.753	0.000	1.379
	行政管理工作	0.001	0.014	0.988	1.687
	其他	−0.023	−0.620	0.535	1.321
学校创新创业教育相关政策	课程体系和师资建设方面	0.386	5.307	0.000	4.895
	组织领导和机制保障方面	0.109	1.512	0.131	4.896

注：因共线性问题，回归分析中所属学校为非“双一流”公办本科高校变量被自动排除。

在与教师人口学信息相关的变量特征中，教师性别对教师实践育人能力存在显著正向影响，即教师为男性，教师实践育人能力越强；从所属学校类型来看，教师所属为“双一流”建设高校对教师实践育人能力存在显著负向影响。

在教师教育背景相关的变量特征中，教师受教育程度、目前职称、职务对教师实践育人能力的影响不显著。

在与教师创新创业经历相关的变量特征中，教师从事创新创业教育工作时长对教师实践育人能力的影响不显著；教师每学期参加创新创业教育培训次数对教师实践育人能力存在显著正向影响，即教师每学期参加创新创业教育培训的次数每增加1次，教师实践育人能力水平平均增加0.077个单位；从教师主要负责创新创业教育的方向来看，教师负责实践课教学对教师实践育人能力存在显著正向影响，即教师负责实践课教学每增加1个单位，教师实践育人能力水平平均增加0.145个单位。

在学校创新创业教育相关政策中，课程体系和师资建设方面的创新创业政策对教师实践育人能力存在显著正向影响，即课程体系和师资建设方面的创新创业政策每增加1个单位，教师实践育人能力水平平均增加0.386个单位；组织领导和机制保障方面的创新创业政策对教师实践育人能力存在显著正向影响，即组织领导和机制保障方面的创新创业政策每增加1个单位，教师实践育人能力水平平均增加0.109个单位。

表5.24是影响教师自主发展能力因素的多元线性回归分析的结果。调整后的R^2为0.473，即回归方程所能解释的因变量变异性的百分比为47.3%，模型结果显著（p=0.000），具有较好的拟合效果。

表5.24　影响教师自主发展能力因素的回归分析

<table>
<tr><th colspan="2">变量</th><th>Beta</th><th>t</th><th>显著性</th><th>VIF</th></tr>
<tr><td colspan="2">性别</td><td>−0.007</td><td>−0.230</td><td>0.818</td><td>1.090</td></tr>
<tr><td rowspan="3">所属学校</td><td>“双一流”建设高校</td><td>−0.016</td><td>−0.490</td><td>0.624</td><td>1.257</td></tr>
<tr><td>民办本科高校</td><td>0.027</td><td>0.778</td><td>0.437</td><td>1.358</td></tr>
<tr><td>高职高专院校</td><td>0.040</td><td>1.128</td><td>0.260</td><td>1.436</td></tr>
<tr><td colspan="2">受教育程度</td><td>−0.004</td><td>−0.107</td><td>0.915</td><td>1.384</td></tr>
<tr><td colspan="2">目前职称</td><td>0.047</td><td>1.030</td><td>0.303</td><td>2.353</td></tr>
<tr><td colspan="2">职务</td><td>0.010</td><td>0.297</td><td>0.767</td><td>1.393</td></tr>
<tr><td colspan="2">从事创新创业教育工作时长</td><td>0.012</td><td>0.340</td><td>0.734</td><td>1.488</td></tr>
<tr><td colspan="2">每学期参加创新创业教育培训次数</td><td>0.019</td><td>0.588</td><td>0.557</td><td>1.132</td></tr>
<tr><td>主要负责创新创业教育的方向</td><td>理论课教学</td><td>0.060</td><td>1.796</td><td>0.073</td><td>1.277</td></tr>
</table>

续表

变量		Beta	t	显著性	VIF
主要负责创新创业教育的方向	实践课教学	0.147	4.205	0.000	1.379
	行政管理工作	0.045	1.155	0.249	1.687
	其他	−0.032	−0.932	0.351	1.321
学校创新创业教育相关政策	课程体系和师资建设方面	0.459	6.985	0.000	4.895
	组织领导和机制保障方面	0.184	2.816	0.005	4.896

注:因共线性问题,回归分析中所属学校为非“双一流”公办本科高校变量被自动排除。

在与教师人口学信息相关的变量特征中，教师性别、所属学校对教师自主发展能力的影响不显著。

在教师教育背景相关的变量特征中，教师受教育程度、目前职称、职务对教师自主发展能力的影响不显著。

在与教师创新创业经历相关的变量特征中，教师从事创新创业教育工作时长对教师自主发展能力的影响不显著；教师每学期参加创新创业教育培训次数对教师自主发展能力的影响不显著；从教师主要负责创新创业教育的方向来看，教师负责实践课教学对教师自主发展能力存在显著正向影响，即教师负责实践课教学每增加1个单位，教师自主发展能力水平平均增加0.147个单位。

在学校创新创业教育相关政策中，课程体系和师资建设方面的创新创业政策对教师自主发展能力存在显著正向影响，即课程体系和师资建设方面的创新创业政策每增加1个单位，教师自主发展能力水平平均增加0.459个单位；组织领导和机制保障方面的创新创业政策对教师自主发展能力存在显著正向影响，即组织领导和机制保障方面的创新创业政策每增加1个单位，教师自主发展能力水平平均增加0.184个单位。

(3) 创业指导教师能力与主持项目最高级别的相关分析

如图5.1所示，在被调查的教师中，教师主持项目的最高级别为“无”占比最多，占40.4%，其次是教师主持项目的最高级别为“校级”，占29.8%，教师主持项目的最高级别为“横向项目”的占比最少，占2.0%。

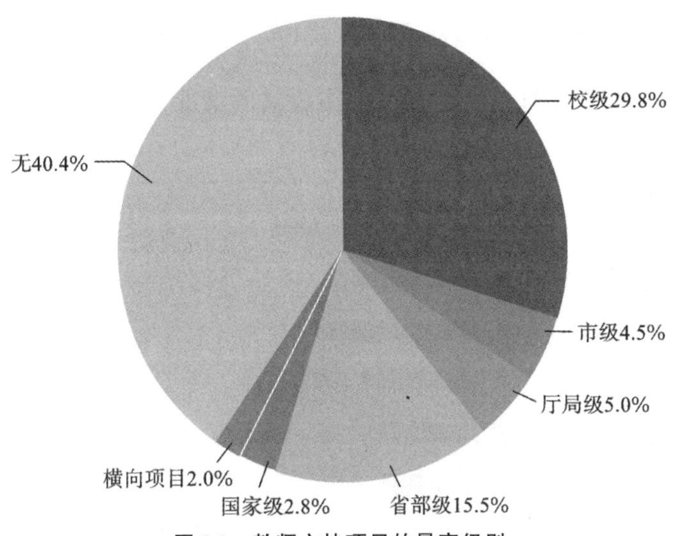

图 5.1 教师主持项目的最高级别

表5.25是创业指导教师能力与主持项目最高级别的相关分析结果。

表5.25 创业指导教师能力与主持项目最高级别的相关分析

要素	主持项目最高级别	总维度	教育教学能力	创新创业能力	实践育人能力	自主发展能力
主持项目最高级别	1					
总维度	0.256**	1				
教育教学能力	0.244**	0.938**	1			
创新创业能力	0.243**	0.968**	0.883**	1		
实践育人能力	0.242**	0.935**	0.809**	0.859**	1	
自主发展能力	0.203**	0.804**	0.693**	0.743**	0.753**	1

注：**在0.01级别（双尾），相关性显著。

皮尔逊相关分析结果显示，教师主持项目最高级别与教师整体创新创业教育实际情况之间的相关系数为0.256，呈显著的正相关关系；与教师教育教学能力之间的相关系数为0.244，呈显著的正相关关系；与教师创新创业能力之间的相关系数为0.243，呈显著的正相关关系；与教师实践育人能力之间的相关系数为0.242，呈显著的正相关关系；与教师自主发展能力之间的相关系数为0.203，呈显著的正相关关系。

2. 客观维度：教师取得创新创业相关工作成果的影响因素

图5.2是教师取得创新创业相关工作成果的情况，这能反映教师的创新创业教育能力。

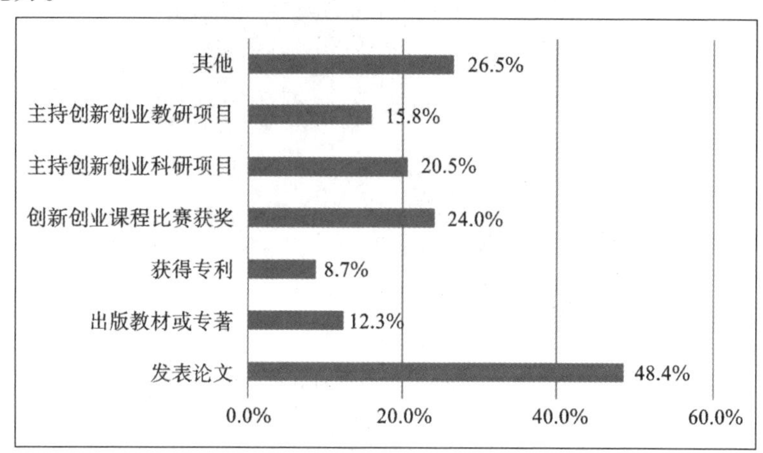

图5.2 教师取得创新创业相关工作成果的情况

如图5.2所示，在教师取得的创新创业相关工作成果中，“发表论文”占比最多，占48.4%，其次是“其他”“创新创业课程比赛获奖”“主持创新创业科研项目”，各占26.5%、24.0%、20.5%，“获得专利”占比最少，占8.7%。

（1）教师取得创新创业工作成果的影响因素

表5.26是教师取得创新创业相关工作成果的影响因素的多元线性回归分析的结果。调整后的R^2为0.291，即回归方程所能解释的因变量变异性的百分比为29.1%，模型结果显著（$p=0.000$），具有较好的拟合效果。

表5.26 教师取得创新创业相关工作成果的回归分析

变量		Beta	t	显著性	VIF
性别		0.077	2.144	0.032	1.090
所属学校	“双一流”建设高校	0.048	1.233	0.218	1.257
	民办本科高校	−0.024	−0.599	0.550	1.358
	高职高专院校	0.016	0.390	0.697	1.436
受教育程度		0.101	2.504	0.013	1.384
目前职称		0.061	1.147	0.252	2.353
职务		0.009	0.210	0.833	1.393
从事创新创业教育工作时长		0.059	1.408	0.160	1.488

续表

变量		Beta	t	显著性	VIF
每学期参加创新创业教育培训次数		0.125	3.412	0.001	1.132
主要负责创新创业教育的方向	理论课教学	0.144	3.696	0.000	1.277
	实践课教学	0.163	4.024	0.000	1.379
	行政管理工作	0.115	2.574	0.010	1.687
	其他	0.080	2.017	0.044	1.321
学校创新创业教育相关政策	课程体系和师资建设方面	0.038	0.494	0.622	4.895
	组织领导和机制保障方面	−0.002	−0.027	0.978	4.896

注：因共线性问题，回归分析中所属学校为非“双一流”公办本科高校变量被自动排除。

在与教师人口学信息相关的变量特征中，教师性别对教师取得创新创业相关工作成果存在显著正向影响，即教师为男性，教师取得的创新创业相关工作成果越多；教师所属学校类型对教师取得创新创业相关工作成果的影响不显著。

在教师教育背景相关的变量特征中，教师受教育程度对教师取得创新创业相关工作成果存在显著正向影响，即教师受教育年限每增加1年，教师取得创新创业相关工作成果平均增加0.101个单位；教师目前职称、职务对教师取得创新创业相关工作成果的影响不显著。

在与教师创新创业经历相关的变量特征中，教师从事创新创业教育工作时长对教师取得创新创业相关工作成果的影响不显著；教师每学期参加创新创业教育培训次数对教师取得创新创业相关工作成果存在显著正向影响，即教师每学期参加创新创业教育培训活动的次数每增加1次，教师取得创新创业相关工作成果水平平均增加0.125个单位；从教师主要负责创新创业教育的方向来看，教师负责理论课教学、实践课教学、行政管理工作对教师取得创新创业相关工作成果均存在显著正向影响，即教师负责理论课教学每增加1个单位，教师取得创新创业相关工作成果水平平均增加0.144个单位，教师负责实践课教学每增加1个单位，教师取得创新创业相关工作成果水平平均增加0.163个单位，教师负责行政管理工作每增加1个单位，教师取得创新创业相关工作成果水平平均增加0.115个单位。

在学校创新创业教育相关政策中，课程体系和师资建设方面的创新创业政策、组织领导和机制保障方面的创新创业政策对教师取得创新创业相关工作成果的影响均不显著，但课程体系和师资建设方面的创新创业政策对教师取得创新创业相关工作成果存在正向影响。

（2）教师取得创新创业工作成果与创业指导教师能力的相关分析

表5.27是教师取得的创新创业工作成果与创业指导教师能力的皮尔逊相关分析结果。

表5.27 教师创新创业工作成果与创业指导教师能力的皮尔逊相关分析

要素	创新创业工作成果	总维度	教育教学能力	创新创业能力	实践育人能力	自主发展能力
创新创业工作成果	1					
总维度	0.250**	1				
教育教学能力	0.274**	0.938**	1			
创新创业能力	0.217**	0.968**	0.883**	1		
实践育人能力	0.221**	0.935**	0.809**	0.859**	1	
自主发展能力	0.217**	0.804**	0.693**	0.743**	0.753**	1

注：**在0.01级别（双尾），相关性显著。

皮尔逊相关分析结果显示，教师取得的创新创业工作成果与教师整体能力实际情况之间的相关系数为0.250，呈显著的正相关关系；与教师教育教学能力之间的相关系数为0.274，呈显著的正相关关系；与教师创新创业能力之间的相关系数为0.217，呈显著的正相关关系；与教师实践育人能力之间的相关系数为0.221，呈显著的正相关关系；与教师自主发展能力之间的相关系数为0.217，呈显著的正相关关系。

（3）教师取得的创新创业工作成果与学校创新创业教育相关政策的相关分析

表5.28是教师取得的创新创业工作成果与学校创新创业教育相关政策的皮尔逊相关分析结果。

表5.28　创新创业工作成果与学校创新创业教育相关政策的皮尔逊相关分析

要素	创新创业工作成果	总维度	课程体系维度	师资建设维度	组织领导维度	机制保障维度
创新创业工作成果	1					
总维度	0.121**	1				
课程体系维度	0.137**	0.918**	1			
师资建设维度	0.117**	0.937**	0.898**	1		
组织领导维度	0.108**	0.968**	0.843**	0.867**	1	
机制保障维度	0.112**	0.969**	0.835**	0.854**	0.929**	1

注：**在0.01级别（双尾），相关性显著。

皮尔逊相关分析结果显示，教师取得的创新创业工作成果与学校创新创业教育相关政策之间的相关系数为0.121，呈显著的正相关关系；与学校关于创新创业课程体系方面的政策之间的相关系数为0.137，呈显著的正相关关系；与学校关于创新创业师资建设方面的政策之间的相关系数为0.117，呈显著的正相关关系；与学校关于创新创业组织领导方面的政策之间的相关系数为0.108，呈显著的正相关关系；与学校关于创新创业机制保障方面的政策之间的相关系数为0.112，呈显著的正相关关系。

第三节　结果讨论

一、高校创业指导教师特征对其创业指导能力的影响

教师作为高校创业指导的核心力量，是创新创业教育体系中不可或缺的主体。深入考察教师群体的特征对于其创业指导能力的影响，具有至关重要的意义。从人口学的角度出发，教师的群体特性涵盖了学历层次、职称等多个方面，这些特征在很大程度上塑造了教师参与创新创业教育的方式与效果。

（一）创业指导教师的学历差异

就数据分析结果来看，不同学历的创业指导教师在创业指导能力上存在显著的差异，无论是从创业指导能力总得分，还是从教师教育教学能力、创新创业能力、实践育人能力、自主发展能力四个维度得分情况来看，都存在显著差异。在高等教育体系中，创业指导教师的学历层次呈现出多样化的特点，这种差异体现在个人学术造诣的深度与广度上，会间接影响他们指导学生进行创新创业活动的效果。

一般而言，拥有高学历的创业指导教师，往往具备更为深厚的专业知识基础、宽广的学术视野以及丰富的科研经验。单因素方差分析结果表明，最高学历为博士的教师，其创业指导能力，相较于最高学历为本科的教师，以及最高学历为硕士研究生的教师而言，均呈现出明显的优势。这是因为，最高学历为博士的教师能够更加敏锐地洞察学科前沿动态，将最新的科研成果转化为创新创业的灵感源泉。在指导学生时，这些教师能够提供更专业的理论指导，鼓励学生探索未知领域，设计具有前瞻性和创新性的项目。同时，拥有高学历的教师往往拥有更多的学术资源和人脉资源，能够为学生提供更多元的实践平台，从而帮助学生拓宽视野，增强创新创业的信心和能力。因此，高学历教师在创新创业指导中展现出较强的综合素养。相比之下，学历层次较低的创业指导教师，尽管可能在实践经验或某些特定领域拥有独到见解，但在理论深度和科研资源等方面可能存在一定的局限性。在指导学生创新创业时，他们可能更加侧重于实际操作技能的培养，但在引导学生探索创新性、前沿性课题方面可能稍显不足。

然而，学历并非决定教师创业指导能力的唯一因素。许多低学历但实践经验丰富、创新能力强的教师，同样能够培养出优秀的创新创业人才。单因素方差分析结果表明，最高学历为专科的教师的创业指导能力不仅明显优于最高学历为本科的教师，而且也显著优于最高学历为硕士研究生的教师。这一结果表明，在创业指导方面，学历并非唯一的决定性因素，最高学历为专科的教师在实践经验和教学方法上可能有着独特的优势。

从理论角度看，人力资本理论和社会资本理论均为我们理解这一现象提供了一定的支持。人力资本理论提出，教育和经验是人力资本的重要组成部分；社会资本理论则强调个体通过网络和关系获取资源和支持的能力。高学历教师在人力资本和社会资本上通常具有优势，但这并不排斥低学历教师在特定领域的独到贡献和创新能力。创新创业教育的有效性不仅取决于教师的学历背景，而且受他们是否具备持续学习的态度、开放合作的精神以及对学生个性化发展的关注与引导等因素的影响。因此，尽管高学历教师在创新创业教育中的优势较为明显，但实践经验和持续学习的能力对于创业指导同样重要。高等教育机构在加强师资队伍建设时，应注重教师的多元化发展，综合考虑其学历背景、实践经验和学术贡献，发挥不同学历水平教师的梯度效应，打造一支具有高水平创业指导能力的教师团队。

（二）创业指导教师的职称差异

教师的职称评定通常基于其教学水平、科研能力、实践经验以及教育贡献等多个方面。不同职称的教师，在专业知识、教学经验和研究能力上往往存在差异。单因素方差分析结果表明，不同职称级别的创业指导教师在能力总得分上展现出了明显的差异性，在教育教学能力、创新创业能力、实践育人能力以及自主发展能力四个维度均存在显著差异。

职称较高的教师通常能够获得更多的学术资源、研究资金以及进修机会，这些有助于他们不断提升自己的专业素养和创业指导能力。单因素方差分析结果表明，教授群体在创业指导能力上展现出最高水平，这一能力显著高于副教授群体。进一步地，副教授的创业指导能力也明显优于讲师，而讲师则相较于暂无职称的教师，在创业指导能力方面表现出明显的优势。这种层级递进的关系反映了职称评定体系在筛选和培育具有高水平创业指导能力教师方面的有效性。首先，职称较高的教师，由于其积累了丰富的教学经验和研究经验，往往对创业领域的专业知识有更深入的理解和更广泛的涉猎。这种深度和广度上的优势使他们在创业指导中能够提供更全面、更具前瞻性的建议。其次，职称较高的教师往往具有较强的创新意识和创新能力，能够在创业指导中引入新的理念、新的方法和新的技术。这种创新意识和创新能力的差异使他们在指导学生创业时，能够提出更具创新性的解决方案，帮助学生开拓新的创业领域。然而，创业指导教师的职称差异确实可能对其创业指导能力产生影响，但这种影响并不是绝对的。教师可以通过不断学习和实践来提升自己的创业指导能力，为学生的创业项目提供更好的指导和支持。为了进一步提升创业指导教师的创业指导能力，高校应加强师资队伍建设，完善职称评聘标准，并推动创新创业教育向学科化方向发展。

二、学校类型对高校创业指导教师能力的影响

高校呈现金字塔式的层级结构，金字塔底层一般为应用型高校，而顶层一般为研究型高校。[①]在更高层次的高校中，先进的创新创业实验设备、充足的资金支持以及学生较高的理论和实践水平，共同创造了有利于学生发掘具有长期价值的创业项目的环境。这种环境不仅增强了学生的创业信心，而且提高了教师在创新创业教学中取得显著成效的可能性，并推动了创新创业训练项目向更高层次发展。相比之下，层次较低的高校缺乏足够的内外支持，这使得学生难以获得具有持久价值的创业项目，这不仅不利于培育学生的创业信心，而且不利于教师实现教学目标，影响了创新创业训练项目的效果。

创业指导教师的所属学校类型差异确实会对其创业指导能力产生一定影响，但这种影响并非绝对的，即教师的创新创业能力并不必然完全取决于学校的层级。多元线性回归结果表明，从所属学校类型来看，教师所属为“双一流”建设高校对教师实践育人能力存在显著负向影响。一些非名校或地方院校在创业教育方面的投入和资源可能相对有限，但这并不意味着其教师的创业指导能力就一定较弱。教师的创新创业能力受到多种因素的影响，包括但不限于个人经验、教育背景、学校类型、学校政策支持等。一些非名校或地方院校可能有更加鼓励创新和创业的文化和政策，提供创业孵化器、创业竞赛等平台，这些都能增强教师的创业指导能力。高校层级对教师创业指导能力的影响，可以从多个理论角度进行讨论。

首先，结合资源基础理论来看，高校层级决定了可供教师利用的资源种类

①徐和清.指导教师对大学生创新创业训练项目层次的影响及实证研究[J].上海教育评估研究，2020,9(4)：52-57.

和数量。顶层高校通常拥有丰富的物质资源和非物质资源，如科研设备、经费支持以及雄厚的学术背景，这些有利于教师开展高水平的创业指导活动。然而，资源的稀缺性和独特性是实现持续竞争的关键。一些非名校或地方院校虽资源有限，但若能充分利用和整合现有资源，形成独具特色的支持系统，同样可以培养出高水平的创新创业人才。

其次，结合社会资本理论来看，教师的创新创业能力受到社会网络和人际关系的影响。高层次高校教师的社会资本较为丰富，他们能通过广泛的学术交流和合作项目获得更多的信息和机会。然而，某些非名校或地方院校可能拥有独特的地方性关系网络和社区支持，这些社会资本的独特性也能够为教师的创业指导活动提供重要帮助。例如，江汉大学一直秉承出实招、做实事、出实效、强基础、搭平台、重引导的原则，打造良好的创新创业教育环境，优化创新创业的工作机制，营造鼓励创新创业的校园文化环境，着力构建全覆盖、分层次、有体系的高校创新创业工作体系。学校构建了以创新创业教育机制建设为核心，以外部资源开拓为羽翼，创新创业教育与专业教育相融合，校内外教育要素协同创新、合作共赢的“内融外协”创新创业教育教学模式。“内融”是在人才培养、课程体系、师资队伍、教学方法和实践教学等环节，进行创新创业教育改革，实现创新创业教育与专业教育的有机融合；“外协”即通过平台建设、机制建设和资源整合实现校企、校政、校校等充分合作，将创新创业育人优势渗透到各个教学环节，构建接地气、有特色的双创教育教学新模式。

最后，结合人力资本理论来看，个体的知识、技能和经验在创新创业教育中同样重要。非名校或地方院校的教师虽然在资源上处于劣势，但如果他们在实践过程中积累了丰富的经验，培养了创新意识和创业精神，他们的创业指导能力也可能非常突出。例如，教师通过地方化、接地气的创业孵化器、创业竞赛等加强自身的创新创业能力，这种具体实践反而可能比理论指导更为有效。

综上所述，高校层级在一定程度上影响创业指导教师的创业指导能力，但并非唯一决定性因素。教师的个人经验、学校的政策支持、地方化资源的有效利用等可能发挥作用。高等教育机构在加强创新创业教育时，应综合考虑不同高校的特点，充分发挥各自的优势，形成多层次、全方位的创新创业教育体系，以提升整体的创业指导水平。

三、高校创业指导教师创新创业经历对其创业指导能力的影响

高水平竞赛项目，在显著提升学生创新创业能力方面扮演着重要角色。这类项目通常要求学生具备扎实的理论基础、广泛的实践积累，并且项目的开展需要依赖那些深刻理解竞赛规则、拥有丰富实践经验的专业教师的悉心指导。[①]这样的指导不仅有助于学生将理论知识应用于实践，而且能确保他们在竞赛中准确把握规则，发挥最佳水平，从而有效推动其创新创业能力的全面发展。因此，创新创业经历丰富的创业指导教师具有应对创新创业实践的策略优势。

首先，教师丰富的创新创业经历，能为学生提供宝贵的借鉴。这些创新创业经历不仅涉及市场调研、项目策划、团队管理等方面，而且涉及对创业过程中可能遇到的风险和挑战的深刻理解。教师可以将自身的创新创业经历作为案例引入课堂，使教学更加生动和具体，从而帮助学生更好地理解创业过程中各阶段的注意事项，提高他们的实践能力和解决问题的能力。

其次，丰富的创新创业经历能增强教学的针对性，提高教学质量。教师可以根据学生在创业过程中遇到的实际问题和困惑，提供更加个性化、更加有针对性的指导和建议。这种指导和建议不仅有助于优化课程内容，使其更加贴近实际，更加符合市场需求，而且能够帮助学生更好地应对创业过程中的挑战。通过因材施教，教师能够在教学中更好地结合学生的知识背景和实际需求，提供更有价值的指导。

最后，具有丰富创新创业经历的教师能够更好地将理论知识与实践操作相结合。通过分享创业心得和体会，教师能够帮助学生将所学的理论知识应用到实际创业过程中。这能激发教师的创新思维和创造力。通过引导学生参与创新创业项目、鼓励他们提出新的想法和解决方案，教师能进一步培养学生的创新思维和创业精神。教师的实际创业经历使他们更能鼓励和支持学生，激励学生大胆尝试和探索。为了实现高效的创业教学，教师不仅要有丰富的专业知识，

①赵硕.第二课堂与大学生创新创业能力培养[J].管理工程师，2023，28（5）：76-80.

而且必须拥有高超的教育技巧，以最大化地促进学生对创业知识和技能的吸收与掌握。教师必须保持对创业领域最新动态的高度敏感，不断更新自己的知识体系，积极参加培训，并深入了解教育方法的最新进展情况，以确保教学内容的时效性和创新性。

多元线性回归分析结果表明，教师每学期参加创新创业培训的次数与其总体能力以及实际取得的创新创业工作成果之间存在显著正向关联。这意味着，通过定期参与培训，教师不仅能够提升自身的专业素养和教学技能，而且能将这些新知识和新方法有效地融入日常教学，从而显著提高创新创业教育的质量和效果。创新创业培训为教师提供了系统学习创新创业理论的机会，使他们能够更深入地理解创新创业的本质、过程和关键因素。这种理论知识的深化有助于教师在指导学生时更准确地把握创新创业的方向和重点。培训中通常涵盖当前创新创业领域的最新趋势、政策导向和成功案例，能帮助教师保持对行业动态的敏感度，从而为学生提供更具前瞻性的指导和建议。

理论与实践的结合是创新创业教育的核心。从理论角度看，建构主义学习理论强调学习者在具体实践中建构知识的过程。教师将在创新创业培训中获得的新知识和新技能，通过具体的教学实践传递给学生，这一过程体现了建构主义理论的核心理念。具体来说，教师通过实际案例教学、模拟创业场景、互动讨论等方式，将复杂的理论知识与实际操作紧密结合，使学生在真实场景中理解和应用所学知识。这样，学生不仅在知识层面上得以深化理解，而且在技能层面上获得了实际操作经验，从而提升了整体创新创业能力。

综上所述，鼓励和支持教师参加创新创业培训，对于推动创新创业教育的发展、提升学生的创新创业能力具有重要意义。高校应建立完善的培训体系，定期组织教师参加各种创新创业培训，确保他们能接触最新的教育方法、理解最新的行业动态。这能够提升教师的专业素养，使教师在教学中为学生提供更有前瞻性和实效性的指导，在整体上提升创新创业教育的质量和效果。

第六章 高校创业指导教师能力培养平台的构建

高校创业指导教师能力培养平台的构建是高校创新创业教育发展中不可或缺的重要内容，其目的是为创业指导教师提供必要的知识和技能支持，以便他们更有效地引导学生开展创业活动。高校创业指导教师能力培养平台不仅能够促进教师个人的专业成长，而且能够为学生提供更加高质量的创业指导服务，从而推动整个创新创业教育生态系统的健康发展。

本章将讨论如何建设示范性高校创业指导师资能力培养基地，致力于系统提升教师的专业技能，强调建立标准化、模块化的培训体系，以提高创业教育的实效性和针对性。此外，本章将重点阐述如何通过校内外资源整合，优化创新创业教育的网络结构，探讨高校与政府、企业、投资者及其他教育机构合作的路径，构建多元化且互联互通的资源网络，为创业指导教师提供更广阔的学习与实践平台。

第一节　构筑示范性高校创业指导师资能力培养基地

一、示范性高校创业指导师资能力培养基地的概念

示范性高校创业指导师资能力培养基地（简称基地）是一个专门为支持和提升创新创业教育者专业能力而设计的机构。基地通过提供综合性的培训课程、实践机会、资源共享服务以及专家指导，帮助教师深化对创新创业教育的理解，提高教学方法的创新性和实效性。基地的设立，不仅展示了提升教育质量和适应未来教育需求的重要性，而且代表了推动教育创新、培养创新人才的关键力量。基地不仅是传递知识的场所，而且是促进教师专业发展、探索教学创新、广泛传播创业文化的重要平台。在基地中，教育工作者能够获得针对创新和创业教育的专业支持，学习如何更有效地激发和培育学生的创新精神和创业能力。

基地的重要性体现在以下三个方面。

第一，基地是专业成长与教学创新的平台。基地为创业指导教师创造了不断学习和发展的外部环境。它汇集了最新的教育理论和实践方法，同时提供丰富的案例研究和实践机会，使教师能够在真实或模拟的创业教育场景中提升实际的教学能力，获得解决问题的技巧。通过参与这些活动，教师不仅能够创新教学方法，而且能更好地激发学生的创业潜力。

第二，基地是创业文化的传播中心。基地担负着传播和弘扬创业文化的重任。通过组织各类讲座、研讨会和交流活动，基地为教师提供了了解创业成功案例和最新行业趋势的机会，激励他们将这种创业精神和文化融入教学。这种文化传播对于培养学生的创新思维、解决问题的能力以及社会责任感至关重要。

第三，基地是校企合作的桥梁。基地通过与企业和行业的紧密合作，为教师和学生提供接触真实商业世界的机会。这种校企合作不仅能够使教育内容更好地对接市场需求，而且为学生提供实习和项目合作等实践机会，极大地增强

了教育的针对性和实用性。

总之，基地的建立和发展，对于提升创新创业教育的质量、培养符合未来社会需求的创新型人才具有至关重要的意义。通过为教师提供专业发展机会，推广并创新教学方法，传播积极的创业文化，建立校企之间的有效联系，基地不仅能够促进教师的专业成长和教学创新，而且能够在更广泛的层面上推动社会的创新进步和经济发展。

二、构筑示范性高校创业指导师资能力培养基地的意义

基地通过为创新创业教师提供全面的支持和资源，不仅促进了教师的专业成长和教学创新，而且在更大范围内推动了创业文化的传播、学生社会责任感的培养，加深了教育与社会之间的紧密联系。基地不仅是提高创新创业教育质量的关键，而且是推动社会创新与经济发展的重要力量。

（一）基地对创新创业教育质量的提升

一方面，基地是教育创新的引领者。基地的设立为创新创业教育提供了新的思路和方向。通过实施有针对性的培训项目和创新的教学实践，基地能帮助教师突破传统教学模式的局限，探索更加有效的教育方法。这种教育创新不仅能提升学生的学习效果，而且能激发他们的创业热情和创新潜力，从而为社会培养出更多具备创新思维和实践能力的人才。

另一方面，基地是教育质量的提升者。通过实践教学、案例分析等多样化的教学方法，教师能够学习如何将复杂的创业理论转化为学生容易理解和接受的知识，从而提高教学效果和学生的学习效率。基地还定期举办讲座和研讨会，邀请创业领域的专家和成功的创业者分享经验，为教师提供接触行业前沿的机会。这不仅有助于教师及时更新其知识体系，而且激发了他们的创新思维，进一步提升了教育质量。

（二）基地对社会的积极影响

一方面，基地是社会责任的塑造者。基地在推广创业文化和创新方法的过

程中，特别注重教师社会责任感和正确价值观的培养。通过组织与社会责任相关的研讨和实践活动，基地鼓励高校创业指导教师深入思考创业活动对社会的影响，并理解其应承担的社会责任。这能促使高校创业指导教师树立以人为本、服务社会的创业理念，并在教学过程中将这些理念传达给学生，从而培养出具有强烈社会责任感和正确价值观的未来创业者。

另一方面，基地是教育与社会的连接者。基地通过与企业、社会组织及政府部门的合作，为高校创业指导教师提供将理论与社会实践相结合的机会。这种校企合作模式不仅让教师能够直接参与真实的商业和社会项目，获取宝贵的行业经验，而且使得教育内容和教学方法更加贴近社会需求和发展趋势。这种实践不仅提升了教师的专业能力和教学水平，而且能够实现教育内容的动态更新和教育模式的持续创新。与此同时，校企合作也为企业提供了接触并吸引未来创新人才的机会，形成了教育与经济发展相互促进的良性循环：通过建立广泛的校企合作网络，基地为高校创业指导教师提供与企业和行业专家交流的平台，促进教育内容与社会需求的紧密结合，推动教育模式的创新和发展，从而对经济发展和社会进步产生积极影响。

南开大学是首批全国高校实践育人创新创业基地、深化创新创业教育改革示范高校，教育部首批中美青年创客交流中心，获批天津市高校实践育人示范基地，是天津市高校众创空间联盟发起单位，学校科技成果转化中心入选首批天津市技术转移示范机构。通过与各类社会机构和企业的广泛合作，南开大学成功实施了多个创新创业项目，建立了多个创新创业平台，推动了众多高水平科技成果的转化。其中，发明专利“一种用于合成氯乙烯的抗高温失活的金基催化剂的制备方法”以1.05亿元作价入股。2018年，南开大学与河北沧州共建绿色化工研究院，成为化学化工、新能源、新材料等专业实践基地，体现京津冀协同创新发展，完成各种类型的成果转化，共计金额2.5亿元，产生了良好的经济效益和社会效益。南开大学与深圳校友会发起“南开好项目”创新创业大赛。经过几年的发展，该赛事已发展成为南开校友总会主办、全球16个南开校友组织跨地域联合承办，校党委学生工作部、校友基金会、创新创业基地以及各学院协同推进的创业交流平台，实现了资本、技术、信息、产业链伙伴等创业资源与创业项目的精准化对接。

三、示范性高校创业指导师资能力培养基地的实施

（一）合理资源配置，打造深度学习实践场域

为了更好地满足创新创业教育的多元化需求，基地的设施配置应该涵盖学习、实践与交流多个层面，形成集教育、研究和创业于一体的综合性环境。

首先，应建立一套智能化教室与远程教育系统，充分利用先进的信息技术，如互动式智能黑板、在线课程平台和视频会议系统。这些设施不仅能够支持面对面的教学活动，而且能够通过远程教育为师生提供灵活多样的学习方式，使得教师和学生不管身在何地，都能参与学习和交流。

其次，设立创业实验室与创新工作坊，进一步增强创新创业的学术氛围和实践氛围。创业实验室应配备必要的技术设备和实验材料，供教师和学生开展产品开发、原型制作和市场测试等实际操作活动。创新工作坊为教师和学生提供了自由探索的空间，鼓励他们共同探讨创业项目，进行创意的碰撞和方案的反复打磨，以推动创业项目的不断优化。

最后，开放式办公区与交流空间的设计将有助于激发更多的思维碰撞，培养协作精神。除了传统的教学区域外，基地还应提供灵活多样的开放式办公区和交流空间，营造自由而高效的工作和学习环境。这种设计有助于师生之间开展互动交流，培养合作精神，使得团队合作和创新思维在轻松、开放的氛围中不断得到提升。

江汉大学努力搭建“双创”实习实践平台，建立创业孵化基地、电商孵化基地、创业模拟实训室和各高校人才培养研究专业工程实训中心等创新创业实践场所，并与7家创新基地设立了校外创新创业实践基地，为青年创业者提供服务，建立了全要素、全链条的创新创业平台。其中，校级创新创业基地面积达5650平方米，校外创新创业实践基地面积为27457平方米。学校积极打造校企政对接模式，积极联合武汉市各区及有关部门、单位，争取地方资源为创业提供支持。学校将湖北高校创新创业产教融合高峰论坛、KAB（Know about Business，了解创业）全国大学生微创业大讲堂、湖北省大学生创新创业俱乐

部沙龙活动等系列“双创”教育活动引入校园，广泛营造创新创业氛围，每年近10000人次师生参与其中。

武汉商学院鼓励“专创融合”与“通创融合”，将创新创业教育与专业教育、通识教育相结合，免费开放各类实验实训中心、工程中心、校外实践教育基地等，利用多种渠道做好创新创业项目的宣传报道、学习交流、互动促进等工作，为参与创新创业项目的学生提供合作和交流的机会。同时，学校相关职能部门、院系积极为参与项目的学生团队及个人免费做好提供实验场地、设备支持以及技术服务等工作。

武汉软件工程职业学院着力满足地方人才需要，对接湖北省“51020”现代产业集群战略（5个万亿级支柱产业、10个五千亿级优势产业、20个千亿级特色产业集群）的发展需求，与各行业、企业共同建成6个职教集团、5个协同创新中心、6个产业学院、1个创业基地，试点9个专创融合专业，促进产教融合、科教融汇。学校依托15000余平方米的创新创业大楼，构建了“双创大楼＋众创空间＋创业街区”立体化空间，以扶持师生自主创新、创业、创造为核心目标，以项目孵化为抓手，以开放办公、校企合作、创客协作的方式，深化产学研创，为师生提供创新、创业、创造的实践平台。

武汉城市职业学院不断强化创新创业实践平台建设，为初创企业提供场地、资金、政策扶持。积极推进文创特色创业团队发展，融合企业、行业、政府力量，与各大创新创业教育中心合作，全力推进创业实践活动。依托各学院创新中心，联合学校相关部门，发挥各行业优秀创新创业兼职导师作用，开展SYB（Start Your Business，创办你的企业）创新创业培训，以及其他丰富的创新创业实践活动。

（二）优化师资配置，建立多元高校创业指导师资教育团队

为了实现创新创业教育的目标，基地需要汇聚一支高水平且多元化的高校创业指导师资队伍。这些教师应具备扎实的理论基础，还需拥有丰富的实践经验和国际视野。为此，基地应定期邀请在创业和相关行业内拥有丰富经验和杰出成就的专家，开展讲课或进行短期驻留。这些专家能够提供宝贵的实践经验，帮助教师和学生紧跟最新的行业动态和创业趋势。与此同时，基地还应聘

请在创业教育领域有深厚研究背景的学者担任全职或兼职导师。这些学者不仅能为教学提供坚实的理论支撑，而且能够引导教师进行学术研究，提升基地的科研水平和学术能力。此外，基地应与成功的企业家建立长期合作关系，邀请他们定期来校进行教学和指导。企业家通过分享自身的创业历程、面临的挑战以及解决方案，能够为教师和学生提供宝贵的经验和启发，同时搭建起连接基地与真实商业环境的桥梁，为学习者提供实习、就业及项目合作的机会。通过这种多元化的师资配置，基地能够成为高质量的教育资源平台。教师能在这一平台上不断更新知识和提升技能，更重要的是，他们能够从不同的角度深入理解创业过程，增强教学实践能力。

西安翻译学院采取了“引培并举”的策略，建设“五环”双师双能型导师队伍。学校创建的导师队伍由创新创业教育的学科带头人、校内专任教师、兼职教师、创业实训教师和校外知名企业家组成，其角色和任务分别为：学科带头人引领创新创业教育发展，指导专任教师和兼职教师学习和成长；校内专任教师和兼任教师负责对全校学生进行创业基础教育；创业实训教师为参与各类创新创业竞赛和创业实践的学生提供具体指导和帮助；校外知名企业家定期来校举办创业论坛、企业家访谈、事迹报告等活动，助力学生创新创业。当前，学校坚持立足于持续、立足于内涵、立足于创新、立足于执行的工作思路，全力打造“学习在西译、生活在西译、成长在西译、幸福在西译”的育人氛围和平台，为毕业生创新创业保驾护航。

湖北理工学院“双创”示范基地也注重加强创新创业师资队伍建设。首先，学校建设了一支内外结合、专兼结合、师生结合的创新创业教师队伍。学校在已有的获得创新创业讲师、创业咨询师资格的教师基础上，通过组织和选派教师参加省级以上各级各类创新创业培训、研修，建立了一支具有较高素质和较优结构、数量达100名的校内创新创业教师队伍。同时，学校探索建立正在创业的在校学生作为助教，以分享自己的创业历程和创业经验为主要内容的课堂教学模式。很多入驻创新创业基地的在校创业学生走上讲台，取得了良好的教学效果。其次，学校建立了百名创新创业导师人才库。制定《湖北理工学院大学生创新创业导师管理办法》，选聘100名校内外学科带头人、长期从事创业指导工作的专家、企业家、创业成功者、风险投资人、专业领域专家、专业技术人员、校友，担任政策服务指导导师、专业技术指导导师、专业技能指导导师、典型经验指导导师，组建创新创业导师人才库。学校通过“企业家校园行”“创业梦讲坛”“创业沙龙”等活动和“创新工坊”“创业课堂”“开放实验室”等形式开展创新创业教育和更为个性化的精准指导与服务。最后，为了进一步促进科研成果转化，湖北理工学院还探索“专业＋创业”的教师队伍建设。制定相关文件，在学校创新创业基地设置教师创业区，鼓励和引导有科研成果、专利技术，且有创业意愿的专业教师创业，以推进科研成果的转移和转化。具体做法有三个：一是鼓励学校专业教师在完成本职工作并经批准的前提下在职创业，收入归个人所有；二是允许专业技术人员离岗创业；三是鼓励教师带领学生“研学”创业。学校通过引入第三方管理运营和投融资机构，提供管理和融资服务，解决教师创业企业在管理运营方面和投融资方面的难题，也更好地促进教师科技成果的转移和转化。

（三）深化课程设计，构建全面的创业教育知识体系

创业教育培养方案中的课程设计旨在为创业教师提供涵盖创业基础知识、创新思维、市场分析、财务管理等多个领域知识的体系，确保其能够有效应对创业教育的多样化需求。课程内容在理论上要具有系统性和科学性，还应当具备实用性和前瞻性，以满足创新创业教育的实际需求。

课程设计主要包含以下四个部分的内容。一是创业基础知识课程，包含介绍创业过程中的基本概念，讲解创业者应具备的素质和技能，提供创业计划书的撰写方法等内容，为创业指导教师奠定坚实的理论基础，帮助他们更好地指导学生迈向成功的创业之路。二是创新思维与方法课程。创新方法论能够提升创业指导教师的创新意识和创新思维能力，激发他们在教学和研究中的潜能，使其能够更好地在课堂上引导学生的创新思维发展。三是市场分析与营销策略课程。围绕市场分析的基本方法展开，讲解市场定位和营销策略的制定，帮助创业指导教师加深对市场运作机制的理解，提高其市场敏感度，以更好地指导学生在创业中应对市场挑战。四是财务管理与风险控制课程。课程内容包括财务管理的基础知识、投融资策略、风险评估与控制等，帮助创业指导教师在创业教学中引导学生进行财务规划和风险管理，确保学生在创业过程中具备财务

管理和应对风险的能力。

江汉大学自2012年成立创新创业领导小组以来，积极推进“双创”教育体系改革，在学分制改革上做了大胆创新和实践。以“宽口径、厚基础、强应用、个性化”为核心内容，旨在更好地满足学生多样化和个性化发展的需要。学校在人才培养方案中构建了具有生长性、立体性和开放性特点的课外创新创业教育体系，包括学科竞赛、科研训练、综合技能、专业实践、创业教育五个方面，赋予创新创业教育活动“课外创新学分”，要求学生在校期间必须至少获得5学分。

宁波大学通过建设“双创”必修课程，形成了全面覆盖、分类培养的“双创”教育课程体系。该体系针对不同类型学生开设分类递进式的课程内容，面向全体学生开设“双创”教育通识课程，包括2学分必修理论课、28门通识选修课和4学分必修实践课（为此，学校提供400多个实践项目，供学生选择）；面向有“双创”意向的学生开设百余门创新创业模块课程；为有创新意向的学生开设创新性开放实验，每年提供300多个实验项目，结合专业开展课题研究；面向具有创新创业特长的学生，开设创新班和创业班“3阶段+4模块”特色课程，创业班学生真实创业实践率达到100%。另外，学校推行探究式教学方法，全面推动创新创业教务教学管理改革。学校积极在本科生中推进探究式课程建设、翻转课堂等教学实践改革，取得了令人瞩目的成效。

南京财经大学坚持以教学为中心，建立了多层次、立体化、多学科支撑的创新创业教育课程体系。学校将选修与必修、理论与实践、课内与课外、线上与线下、校内与校外多维度相结合，探索创新创业教育课程建设类型，其课程体系包括四个方面的内容。一是创新创业基础类课程。紧密结合通识课程、公共基础课程实际，开设创新思维类课程、领导力和沟通力类课程、创新方法类课程、创业能力类课程，培养学生的团队精神、表达能力、沟通能力、协调能力、批判性思维能力和创造性思维能力，使学生掌握开展创业活动所需的基础知识，熟悉创业的基本流程和基本方法，激发学生的创业意识。二是创新创业专业特色类课程，包括帮助学生了解和掌握学科发展前沿的专门课程和系列专题课程，或基于学科专业背景开发的创新创业类跨学科专业课程。课程要充分体现专业特点，能有效地将创新创业教育有机融入专业教育，突出学生的创新创业能力和实践能力的培养。三是创业实践类课程。以案例教学为载体，或通过现实或模拟的创业实践活动，利用虚拟的创业训练、创业公司，使学生获取创业经验，感知创业过程，把握创业方法等。四是创业实训类课程，包括各类科技创新、创意设计、创新创业项目、创业计划大赛、企业家讲座、创业俱乐部、创业夏令营、项目孵化等，旨在为学生多渠道搭建创新创业实践、思想和经验交流的平台，营造学生创新创业、成长成才的良好氛围。

（四）加强创新创业实践活动，提升高校创业指导教师的教学能力

基地的培养方案中，除了理论课程，还应包含丰富的实践活动，通过案例分析、模拟创业、项目实践等多种形式，提升高校创业指导教师的实操能力和解决实际问题的能力。通过案例分析活动，选取成功与失败的创业案例进行深入分析，让高校创业指导教师了解创业过程中可能遇到的问题及解决问题的策略，增强其案例教学能力；通过模拟创业项目，设计模拟创业项目，让教师在从创意产生到团队建设，再到产品开发和市场营销等不同的创业阶段进行实践，体验创业的全过程，这种实践有助于教师加深对创业全过程的理解，进而更好地指导学生；定期举办创业教学法研讨会，鼓励教师分享和探讨创业教学方法，如翻转课堂、项目导向学习等，促进教学方法的多样化和创新；通过校外实习与访学，安排教师到创业公司、孵化器、投资机构等校外实体进行实习或访学，让其亲身体验创业环境，了解行业动态，拓宽视野。

浙江大学通过构建开放网络式全球创业联盟，积极推动开放式创新和国际化创业研究，构建全球学术网络。学校与美国、英国、新加坡、意大利、瑞典、西班牙、澳大利亚、日本等多个国家的大学和机构建立了战略伙伴关系，并先后设立了多个联合研究中心，开展高水平学术交流与国际前沿合作研究。联合研究中心积极探索“一带一路”创业创新人才培养与合作研究的新模式，先后举办了一系列具有较大影响力的国际学术研讨会，已经连续举办多届创业管理与战略人力资源国际研讨会。2016年3月，由浙江大学全球创业研究中心主办的创业创新与合作论坛在斯坦福大学举行，国内外专家们围绕全球领先高校在创业创新工作中扮演的角色展开了热烈讨论。

上海理工大学多渠道利用校外资源，提升学校整体实力。首先，教师进企

业践习。学校实行教师进企业践习计划，建立教师工程实践能力工作站和实践基地，有计划地安排教师到生产、科研和管理第一线践习，通过合作研发、专业实践、技术服务等多种形式，完善专业知识结构，积累工程实践经验，增强专业实践技能，提高教师解决实际问题的能力，提升教师的工程实践教学能力和创新创业教育水平。其次，企业家进学校。通过企业兼职教师聘任制度，吸收行业和企业一些既有创业经验又有一定学术背景的企业家兼职创新创业教学和实践指导，特别是聘请成功的企业家作为创业教育的客座教授，参加学校本科生培养方案的制定和创新创业课程教学、学生毕业设计指导、企业实习、创新创业项目训练等，进而增强学校创新创业教育师资队伍的整体力量。学校分别与中科创达、沪江网联合成立上海理工大学中科创达创业学院、上海理工大学沪江创业学院，吸引了大批优秀的企业专家作为兼职教师参与学校的创新创业教育。最后，平台互通，协同育人。学校与多家科研院所联合组建研究机构，构建“人才—学科—科研”三位一体的双向培养模式，实行双导师联合培养学生；建设创客联盟，加强创业校友与在校大学生的交流，促进创业校友合作交流、资源对接与培训指导，传承校友创新创业的精神品质；组建大学生创业孵化中心，提供创业辅导、工商注册、运营指导、金融服务等全方位服务。

（五）融合多方资源，塑造优质创新创业教育生态系统

理论授课和实践环节要想落实、落地，离不开良好的创新创业教育生态系统。基地还需通过有效的资源整合，形成一个促进创新创业教育的生态系统。这包括与高校、研究机构、政府部门、行业协会和资本市场等多方建立合作关系，共同为创业教育提供支持和服务。通过与高校和研究机构的合作，基地能够引入更多的科研项目和学术资源，为高校创业指导教师提供进一步学习和研究的机会。同时，这种合作还能促进基地与学术界的交流，提升基地的研究水平和影响力。政府部门和行业协会能够为基地提供政策支持、行业标准和资金援助。通过这些外部资源的整合，基地能够更好地适应行业发展趋势，为教师和学生提供更广阔的发展平台。同时，通过与资本市场中的风险投资机构、天使投资人等的合作，基地能够为创业项目提供融资渠道和商业指导。这种合作不仅能为学生的创业项目提供资金支持，而且能够引导教师学习投融资经验和

知识，增强教学内容的实用性和前瞻性。通过这样系统化的课程设计、丰富的实践活动和生态系统的建设，基地能够为创业指导教师提供全方位的学习和成长环境。这不仅能够提升教师的创业教学能力和实践操作能力，而且能够激发他们的创新精神和社会责任感，为社会培养出更多具备高度创新意识和实践能力的创业人才。通过这种方式，创新创业教育能够更加贴近市场和社会需求，更有效地促进经济发展和社会进步。

湖北理工学院依托省重点实验室、协同创新中心、人文基地等平台，主动与企业进行资源整合，申报和建设了数控折弯机研究工程实验室、智能物流输送装备工程实验室、智能型电力电子装置中小企业共性技术研发与推广中心、知识产权培训基地等省级科研科技创新平台。同时，学校深入企业调研、交流，加强与企业界的沟通与联系。学校以“双师双能”青年教师队伍建设等为纽带，拓展合作面，扩大合作规模，创新方式、机制，把与学校研究领域相关企业的信息作为重要的资源，把企业的生产车间当作学校第二实验室，把企业技术骨干内化为学校成果转化的桥梁，使学校的学科建设与科研工作更接地气，在多个学科领域形成了比较优势和特色。

华中师范大学积极探索校政企合作的高校创新创业模式。2009年，学校与武汉市洪山区政府等联合成立湖北省首个大学生创意产业创业中心，标志着华中师范大学校政合作大学生创新创业模式的开端。2014年，学校与武汉市科技局、洪山区政府联合建立武汉市首个高校创业特区，在大学校园内设立大学生创业特区，因地因校制宜，是新形势下大学生创业的又一探索。同年，学校举办首场以“文化创意”为主题的专场“青桐汇”活动。2015年12月，学校与武汉市科技局、洪山区政府、中科招商集团联合共建华中师范大学中科创业学院，标志着学校校政企合作大学生创新创业工作的新的尝试。在校政企合作的模式下，学生充分发挥三方在政策、人才、教学、资本、科技、产业等方面的资源优势，通过促进教育、科技、经济、社会的紧密结合，创新链、资本链、产业链的快速融合，已经初步形成具有师范特色和学科特色的大学生创业产业品牌产业。

四、创业指导教师监测与评价机制

（一）构建有效的监测体系，设计监测指标

在监测与评价机制的构建中，需要建立一个有效的高校创业指导教师监测体系，并设计相应的监测指标，以确保能够持续追踪和评估创业指导教师能力培养的效果。构建监测体系的核心目的是确保教育活动能够达到既定目标，因此，这一体系需要涵盖对课程内容、教学方法、师资质量、学生满意度以及实践成果等多个方面的持续监测。

构建一个全面而有效的监测体系，有以下几个步骤。第一步是明确监测目标。根据基地的教育目标，关注提升教学质量、增强学生的创业能力、促进教师专业发展等核心内容。第二步是设计监测指标。基于监测目标，制定一系列具体且可量化的监测指标，这些指标应涵盖教育过程中的关键要素，如创业课程满意度、教学互动频率、项目完成情况、学习者成就感等。第三步是选择监测工具和方法。俗话说，工欲善其事，必先利其器。选择合适的工具和方法至关重要。可以采用问卷调查、访谈、观察、案例分析等多种方法。此外，现代技术手段如在线反馈系统、学习管理系统等的运用，能够显著提高数据收集的效率和准确性。第四步是进行数据分析与反馈。对收集的数据进行系统化分析，识别创业教育活动中的优势和不足，以及可能存在的改进空间，并将分析结果以反馈的形式及时传递给教师、学生以及学校管理者，作为调整教育策略和提升教育质量的依据。

在监测体系中，有效的指标设计是确保监测工作有效性的关键。良好的指标设计应具备全面性、可操作性、适应性、针对性和持续性，以确保评估的全面性和有效性。指标设计的全面性是指标应覆盖教育活动的各个方面，包括教学内容的适宜性、教学方法的创新性、师资队伍的专业性、学习环境的支持性等，以确保评估的全面性。指标设计的可操作性是指标应是具体且可量化的，以便于通过实际的数据收集和分析来进行评估。例如，通过学生完成项目的数量和质量来评估学习效果，通过高校创业指导教师参与培训和研讨的次数来评

估教师的专业成长情况。指标设计的适应性是指标设计需要考虑教育活动和目标可能随时间的变化而变化，因此应具有一定的灵活性和适应性，以便于设计者随着教育实践的深入对指标进行适时调整和优化。指标设计的针对性是指标需要针对特定的监测目标和教育需求进行设计，确保监测工作能够有效地指导创新创业教育，提升教育质量和效果。指标设计的持续性是指标的设计应支持对教育活动的持续监测，包括前期、中期和后期的评估，以便于及时发现问题、调整策略，并跟踪改进措施的效果。

通过应用这些精心设计的指标，基地能够在教育实践中实现持续的自我完善和优化，最终达到提升教育质量、提高教师和学生满意度的目的。

（二）建立适宜的评价体系，实现持续改进

在基地中，建立一个有效的评价体系是确保教育活动质量和实现持续优化的关键。评价体系应涵盖教育活动的各个方面，例如从教学方法到学生的满意度，从课程内容的适应性到实践项目的成果，以确保评价体系能够全面反映教育活动的效果，并为后续的改进提供依据。

一方面，需要构建高校创业指导教师评价体系。高校创业指导教师评价体系需要建立在多维度评价指标的基础上，这些指标不仅涉及传统的教学质量评估，如课程满意度、教学互动质量、课堂参与度等，而且应包括创新能力提升、创业项目实施效果、实践能力增强等更具体的成果指标。同时，评价应涵盖所有参与教育活动的主体，包括学生、高校创业指导教师、创业教育管理人员以及高校的合作伙伴等，以确保能够从多个视角获取反馈，全面了解创业教育活动的影响。评价不应仅在创业教育活动结束时进行，而应贯穿于整个教育过程之中，包括活动前的需求评估、活动中的过程评估以及活动后的成果评估，形成闭环反馈，支持创业教育活动的持续优化。因此，评价体系可以通过问卷调查、访谈和座谈、课堂观察、成果展示和评比等多种方法来实施评价，确保获取全面、真实的反馈。问卷调查是通过在线或纸质问卷收集参与者的反馈，以获取大量定量数据的有效方法。问卷内容应根据评价指标精心设计，确保能够全面反映教育活动的各个方面。访谈和座谈也是比较常用的方法，可以提供更加深入和具体的定性反馈，包括定期对高校创业指导教师、学生、合作

伙伴等进行深入访谈，或组织相关人员参与座谈会。课堂观察是评估者通过直接观察教师的教学活动，直观地了解教学互动、学生参与度等实际情况，为评价提供直接证据。定期举办创业项目成果展示和评比活动，不仅可以激励学生和教师的积极性，而且能直接评估教育活动在提升学生创业实践能力方面的效果。

另一方面，坚持实施持续优化策略。基地在建设和发展的过程中需要不断地总结探索，因此，要根据评价体系所反馈的问题，不断优化实施方案，在实践过程中查漏补缺，及时调整和改进教学内容和教学方法，持续提升创业教育质量，实现教育目标。可采取以下策略。其一，采取数据驱动决策。将通过评价收集的数据进行系统化分析，识别创业教育活动中的优点和不足，以数据驱动的方式指导创业教育活动的改进和决策。其二，建立定期反馈机制，及时将评价结果和改进建议反馈给相关参与者，确保所有参与者都能参与教育活动的优化过程。其三，灵活调整教育活动。根据评价结果和反馈，灵活调整课程内容、教学方法、实践项目等，包括引入新的课程主题、采用更有效的教学手段、调整实践项目的方向等，以更好地满足学生的需求和适应市场的变化。

上海理工大学在顶层设计、制度保障、发展平台等方面进行了创新探索，创建了“理念为先导、投入为基础、能力为关键”的创新创业教育师资队伍建设模式。

首先，学校在改革职务晋升评审制度方面做出了尝试。校内创业指导教师作为学校师资队伍的重要组成部分，学校在改革教师专业技术职务评审制度时，针对“双师型”师资培养目标，创新教师评聘机制，针对不同类型教师的不同发展路径和需求，除了常规的评审要求和条件，另行设置了“教学擂台”“学术擂台”“工程擂台”三个绿色通道，提供多样化的支持和保障。学校在教师职务晋升评审工作中，以及高级专业技术职务晋升“教学擂台赛”活动中，都把教师承担创新创业课程、指导学生创新创业项目、指导学生学科竞赛等工作成效增设为重要条件，以激励教师热心投入创新创业教育教学工作。

其次，学校积极创新教学激励制度。面对高校创新创业教育的高要求，教师们也感受到了较大的工作压力。为进一步增强创新创业教育教学工作的向心力和凝聚力，促使教师更加主动、积极地参与创新创业教育教学工作，学校建立了合理而有效的利益驱动机制。通过推进上海市属高校本科教学激励计划，学校实施了本科教学工作奖励办法，在工作量、论文发表、荣誉称号、教学改革项目研究、课程和教材建设等方面都给予从事创新创业教育的教师以专项支持，尤其对于在创新创业教育教学和学生创新创业成果指导活动中做出突出贡献的教师，学校每年度评选创新创业课程优秀教学奖、优秀指导教师个人和团队，每年投入近百万元专项资金。目前，学校超过80%的专职教师已参与创新创业教学和各类各级大学生创新创业活动指导等工作。

最后，学校努力优化教学评价制度。任何评价都要尽量考虑评价对象及其参与的活动的特征。对创业指导教师的评价也要充分考虑创新创业教育工作的实践性、探索性、开创性特点，以及创业指导教师与学科教师的区别。学校根据个性化、实践性和公平性的评价原则，将对创新创业教学质量的评价纳入学校教学评价体系，通过学生评价、督导评价、专家评价三方评价相结合的形式进行综合评价。同时，学校通过联系产学研基地、项目孵化基地、创业校友、用人单位等，综合评价教师在学生创业实践指导、项目设计、产学合作和技术服务等方面的能力。学校坚持以评价促发展，通过科学合理的评价，引导创业指导教师队伍长效发展。

五、面临的挑战与对策

（一）在创新创业教育资源、制度、文化方面面临严峻挑战

在基地的运营过程中，创业教育资源、制度和文化方面的挑战是影响基地发展和成功的重要因素。充分理解这些因素，并寻找相应的对策，对于基地实现教育目标、促进创新创业教育的发展具有重要意义。这些挑战提醒我们，基地需要在资源获取、制度建设和文化塑造上做出更多的努力，以确保基地能够在不断变化的环境中获得可持续发展，为创新创业教育的进步做出贡献。

第一，创新创业教育资源方面的挑战，体现在资金、设施和人才三个关键要素的获取和管理上。这些要素的缺乏或不足会直接影响基地的建设、运营效率和教育质量，从而影响基地的长期发展。首先，资金是运营任何教育项目的

基石。对于基地而言，充足的资金不仅是日常运营必需的，而且是改进设施、引进先进技术、招聘优秀教师和提供高质量教育资源的前提。然而，稳定且持续的资金来源往往难以获得。政府的资助可能因政策变动而变得不稳定，私人投资和企业赞助则可能受到经济形势和市场需求变化的影响。因此，基地需要探索多元化的资金筹集渠道，比如建立长期合作伙伴关系、发展校友捐赠、申请国际资金支持，以及通过提供咨询服务等商业活动来创造收入。其次，设施是实现高效教学和创新实践的物质基础。现代化的教室、实验室、会议室以及配备先进技术的创业实践区域对于激发学生的创新思维和实践能力极为重要。然而，这些设施的建设和维护需要大量资金投入。设施陈旧或技术落后不仅会影响教学质量，而且可能降低基地的吸引力。因此，基地需要不断投资于设施升级和技术更新，以保持教育活动的现代性和有效性。最后，人才是基地成功的关键。优秀的高校创业指导教师不仅需要具备丰富的行业经验和学科知识，而且需要有能力激发学生的创新精神和实践能力。此外，高效的管理团队和专业的技术支持人员也是基地顺利运行的保障。然而，在竞争激烈的人才市场中，吸引和保留这些人才是一大挑战。基地需要通过提供具有竞争力的薪酬待遇、职业发展机会，以及良好的工作环境来吸引优秀人才。

第二，基地在发展中也面临制度方面的挑战。基地的发展与成功依赖于政策支持的稳定性、基地内部的管理体系的完善性及运营机制的有效性，它们直接影响基地的发展战略、日常管理以及教育活动的实施效果。首先，政策支持的稳定性是基地顺利运行和持续发展的重要外部条件。政府的教育政策、财政补贴、税收优惠等都对基地的建设和运营产生重大影响。但政策的不确定性可能导致资金来源的波动，限制基地的发展空间。此外，创新创业教育缺乏明确的政策指导和支持，也可能使基地在实践活动、师资队伍建设等方面遇到困难。因此，基地需要与政府部门保持密切沟通，积极参与政策讨论和制定的过程，争取更有力的政策支持和更明确的政策导向。其次，基地内部的管理体系的完善性对于其高效运营至关重要。一个科学合理、高效灵活的管理体系能够确保基地资源的合理配置、教育活动的顺利实施以及人才的有效管理。然而，如何构建适合自身特点的管理体系，如何在保证教育质量的同时实现自我持续发展，是基地需要解决的问题。此外，基地还需要建立一套完善的内部决策机制、质量控制体系以及反馈和改进机制，以支持基地的长期发展和教育质量的持续提升。最后，运营机制的有效性是基地实现其教育目标的关键。运营机制包括基地的财务管理机制、人力资源管理机制、项目管理机制等。有效的运营机制能够保证基地活动的有序进行，促进资源的有效利用，激发教师和学生的积极性。面临外部环境和内部需求的变化，基地还需要探索创新的运营模式和商业模式，以适应变化的环境并保持竞争力。

第三，文化方面的挑战涉及创业文化的培育、多元文化的融合以及团队精神与合作文化的建设。文化问题在基地的建设与发展过程中占有极其重要的位置。它直接影响教师的教学动力、学生的学习热情以及团队成员之间的协作效率。首先，培育创业文化是基地需要面对的一大挑战。创业文化不仅包括对创新精神的鼓励、对失败的宽容以及对风险的合理承担，而且涉及引导教师和学生培养持续学习和自我超越的精神。然而，在实际操作中，如何将这种文化深植于每一位教师和学生的心中，使其成为一种自发的行为准则，需要基地做出长期的努力和不断的实践探索。这不仅需要学校通过组织各种相关活动来不断强化和宣传创业文化，而且需要学校通过日常管理和教学过程中的具体实践来体现和巩固创业文化。其次，多元文化的融合问题也是基地在文化建设过程中需要解决的问题。随着全球化进程的加快，基地可能会吸引来自不同文化背景的教师和学生。如何处理好不同文化之间的差异，促进不同文化背景的教师和学生之间的相互尊重和理解，是基地文化建设过程中面临的另一大挑战。这需要基地在制度层面上制定相关政策，通过日常的交流活动和文化教育来促进多元文化的融合与发展。最后，团队精神与合作文化的建设是基地成功的关键。一个团结协作、相互支持的团队能够更有效地实现基地的教育目标和发展愿景。然而，在实际工作中，如何激发团队成员的合作精神、如何处理团队内部的矛盾和冲突，以及如何建立有效的沟通和协调机制，都是基地在文化建设中需要面对的挑战。这需要基地领导层树立良好的榜样。基地可以通过团队建设活动、沟通技巧培训等来逐步培育和巩固团队精神与合作文化。

（二）在创新管理与文化塑造中获得对策

在基地的构建和发展过程中，创新创业教育资源、制度、文化方面的挑战日益明显。这些挑战直接关系到基地能否有效培养出符合时代需求的创业指导教师。因此，采取有效的对策以应对这些挑战显得尤为重要。通过创新的管理手段和积极的文化建设，基地不仅可以优化内部结构，而且能改善外部环境，从而提升整体运营效率和教育质量。

创新管理对策包括以下内容。第一，进行资源整合与创新。面对资源挑战，基地需采用创新的资源管理策略，如建立一个多方资源共享平台，促进基地、企业和其他教育机构之间的资源共享和交换。同时，基地可以探索众筹、政府补贴、企业赞助等多元化的资金来源，满足基地运营和项目实施的资金需求。第二，采取灵活的管理制度。针对制度挑战，基地应构建灵活高效的内部管理制度，如实行扁平化管理，简化决策流程，加快响应速度。同时，建立项目管理机制，将教育活动、研究项目等划分为独立的项目单元，实行项目制管理，提升管理效率和项目执行力。第三，实施动态调整运营机制。基地应根据外部环境和内部发展需求，定期评估并调整运营机制。例如，可以建立教师参与决策的机制，鼓励教师参与基地管理和发展规划，从而增强教师的责任感和归属感。

文化塑造对策包括以下内容。第一，培育创新创业教育文化。基地需积极培育和弘扬创新创业教育文化，通过举办创业讲座、研讨会、工作坊等活动，加深教师对创新创业教育的认识和理解。同时，鼓励教师在教学中融入创新思维和方法，激发学生的创业热情和创新能力。第二，促进多元文化融合。基地应重视多元文化的融合与交流，尊重每位教师和学生的文化背景，鼓励不同文化背景的师生相互交流和学习。通过组织多元文化主题活动、国际交流项目等，增强师生的文化敏感性和跨文化交际能力。第三，构建开放合作的团队文化。面对团队协作挑战，基地需构建开放、合作的团队文化。鼓励教师之间、教师与学生之间的交流和合作，建立团队协作机制，广泛开展团队文化建设活动和合作教学项目等，增强团队成员的协作精神和集体责任感。

通过以上综合措施，基地将能更好地应对当前面临的挑战，促进创新创业教育的健康发展，确保其在动态环境中的可持续发展。

第二节　整合资源，完善创新创业教育网络

一、示范性高校创业指导师资能力培养基地资源整合策略

在发展创新创业教育的当下，基地面临着提升教育质量与效果的迫切需求。通过有效整合校内外资源，基地不仅能够优化教育体系，而且能够激发教师与学生的创新潜力，全面提升教学成果与实践能力。

（一）深化校内合作，促进多学科交叉合作，实现资源共享

深化校内合作是整合资源、提升创新创业教育水平的有效途径。通过促进不同学科、部门之间的合作，基地能够实现教育资源的共享，还能激发教师和学生的创新潜力，进而提升基地的教育成效。

首先，多学科交叉合作是深化校内合作的核心策略之一。这种合作模式打破了传统学科界限，通过整合不同学科的知识、技能和视角，为解决复杂的创业问题提供了全新的思路。为了有效实施多学科交叉合作，基地可以采取以下措施。其一，建立交叉学科工作小组。组建由不同学科教师和学生组成的工作小组，围绕特定的创业项目或研究课题开展合作。这些工作小组应定期举行会议，分享知识，讨论问题，共同寻求解决方案。其二，开发交叉学科课程。设计并开设融合不同学科知识的课程，鼓励学生跨学科学习，提高他们的综合素养和解决问题的能力。这些课程可以包括创新思维训练、创业管理、技术创新等内容。其三，举办交叉学科竞赛和活动。定期举办交叉学科的创新创业竞赛、研讨会和工作坊，激发学生的创新精神和团队合作能力。这些活动能帮助学生积累实践经验，还能促进不同学科之间的交流和学习。

其次，共享教学资源是深化校内合作的另一关键环节。通过建立教学资源共享机制，基地能够充分利用现有资源，避免重复建设，提高资源利用效率。具体措施包括以下几点。一是共用实验室和设施。将实验室、教室等教学设施对所有学科开放，鼓励教师开展跨学科的教学和研究活动。同时，通过建立在

线预约系统，确保资源分配的公平性和高效性。二是共享数字资源和图书馆藏。利用数字化技术，建立在线教学资源库，包括电子书籍、课程录像、在线课程等，供全校师生使用。图书馆应积极收集跨学科领域的图书和期刊，满足不同学科师生的学习和研究需求。三是教师知识和经验共享。定期组织教师交流活动，如教学经验分享会、教学方法研讨会等，促进教师之间的知识和经验共享。这些活动有助于提升教师的教学能力，促进教学方法和内容的创新。

最后，联合科研项目的开展是推动校内合作迈向更深层次的重要途径。通过组织跨学科的研究团队，基地能够集中优势资源，共同解决创新创业领域的重大科学问题。以下措施可以进一步促进联合科研项目的发展。其一，实施激励政策。基地应制定具有吸引力的激励政策，鼓励教师积极参与跨学科的科研项目。这包括提供研究经费支持、研究成果奖励、职称晋升优先权等激励措施。其二，建立项目孵化平台，为跨学科科研项目提供从概念验证到成果转化的全过程支持。平台应提供必要的技术咨询、市场分析、法律服务等资源，促进科研成果商业化。其三，建立研究成果分享机制。基地应定期组织科研成果展示会和研讨会，促进科研成果的交流和推广。同时，鼓励将科研成果转化为教学案例，用于提升教学质量和学生的实践能力。

扬州大学通过建立“双创”系统，实施课堂联动，促进点面共振，推动学科交叉融通。2015年，学校组建了创新创业实验班并开始招生。实验班分为创新实践班和创新创业班两种模式，制定个性化的人才培养方案，推进实施“一制三化”（即导师制、个性化、小班化、国际化），促进拔尖创新创业人才培养。创新创业实验班通过实施精细化教育、差异化培养、实践能力和人生意志培训、科研创新导向、跨文化（专业）强化、多元化考核方式，积极探索创新创业教育新模式。此外，学校还积极发挥学科专业优势，通过“研本1+1”活动，发挥研究生在学术创新能力上对于本科生的导向作用，推进创新创业教育工作。为进一步普及创新创业教育，营造创新创业氛围，孵化创新创业项目，培养创新创业人才，学校结合自身规模大、校区多、学院多、学科全的特点，采用“1+N”一园多区模式，加强创业教育的软硬件建设，充分发挥学生创业教育的示范效应，为学生提供更加优质和快捷的服务。学校的“创业苗圃”坚持育人为本，在实践中形成了创新创业教育与专业教育相融合、创业指导教师与专业教师相联合、创新创业活动与专业文化相结合的教育模式。学校坚持“项目为王”，在实践中形成了“课堂学习—创意生产—实践锻炼—项目孵化—市场运行”的链条式项目孵化体系。同时，学校坚持“创客为主”，在实践中形成了“激发‘双创’意识—开展‘双创’实践活动—投身‘双创’项目实践”的金字塔型的创客培养体系。

（二）拓展校外跨界合作，加强国际交流合作

基地能够有效拓展校外跨界合作，引入更多资源和视角，为创新创业教育注入新的活力。这种跨界合作不仅有助于提升基地的教育质量和实践效果，而且能增强其社会责任感和国际影响力，为社会培养出更多具备全球视野和创新精神的教师。

首先，基地要进行企业合作与实践基地建设。与企业的紧密合作是校外跨界合作的核心。通过与不同行业的企业建立合作关系，基地可以为教师和学生提供丰富的实践机会，同时企业也能从中获得最新的研究成果和人才支持。以下措施可以进一步促进企业合作与实践基地的建设。其一，建立稳定的合作机制。通过与企业签订长期合作协议，基地能够建立稳定的企业合作机制。这包括确定合作范围、合作方式、资源共享计划以及成果分配方式等。其二，共同研发项目。与企业共同开展项目研发工作，特别是那些具有高度创新性和应用价值的项目。基地的教师和学生可以参与项目，从而获得宝贵的实践经验。其三，实行企业导师计划。邀请企业的高层管理人员和技术专家担任创业指导教师，为基地的教师和学生提供实践指导和行业见解。这种面对面的交流对于提升学习者的实践能力和解决实际问题的能力极为重要。

其次，开展与政府和非营利组织的合作项目。与政府和非营利组织的合作能够为基地带来政策支持、资金援助以及更广泛的社会资源。通过参与公共政策研究、社会服务项目等活动，基地可以扩大其社会影响力，同时也为教师和学生提供服务社会的机会。可以采取以下措施。其一，参与政策制定。积极参与政府相关的教育政策和创业政策的制定过程，为政策制定提供专业建议和研究支持，增强基地的政策影响力。其二，开展社会服务项目。与非营利组织合作，开展社会服务项目，如青年创业培训、小微企业支持计划等。这些项目能

促进社会经济的发展，也能增强学生的社会责任感和实践能力。

最后，进行国际交流与合作。全球化背景下，国际交流与合作对于提升基地的教育质量和国际影响力至关重要。通过与国际知名的教育机构、研究中心建立合作关系，基地可以引进国际先进的教育理念和教学方法，为教师和学生提供更广阔的学习和研究平台。以下措施可以进一步促进国际交流与合作。其一，开展国际交流项目。开展教师和学生广泛参与的国际交流项目，包括短期访学、联合研究等。这些交流活动有助于教师和学生拓宽国际视野，了解不同文化背景下的创新创业实践。其二，开展国际合作研究。与国外高校和研究机构合作开展科研项目，尤其是那些跨国界、涉及全球性问题的研究。这类项目不仅能够增强基地的科研能力，而且能提升其在国际舞台上的学术地位和影响力。其三，参与国际网络。加入国际教育和创业相关的网络和组织，如全球创业网络（Global Entrepreneurship Network，GEN）等。通过这些措施，基地可以分享和学习经验、寻找合作伙伴，从而加速自身的国际化进程。

重庆邮电大学通过实施师资队伍、课程体系、实践教学平台、孵化体系、保障建设“五位一体”创新创业教育体系，有效提升了高素质工程人才的创新意识、创业精神和创业能力。首先，学校使产业与教育相融合，为“双创”提供支撑。早在2010年，学校就组建了由国内外龙头企业、国家级科研机构、学术组织、产业园区等多家单位组成的董事会产学研合作大平台。学校还建成了惠普软件学院、微软IT学院、国际半导体学院和人工智能学院等，有效畅通了社会资源和学校资源的双向对接渠道，形成了功能齐全、配套到位、服务专业、创新就业联动的“双创”生态系统。其次，学校积极探索将创新与创业就业相融合，提高“双创”质量。学校创新性地提出“主动培育＋平台＋服务＋资本”创业服务模式，通过解决技术、资金、市场、运营管理等问题，着力开展创新创业项目孵化，实现创新知识有效转移和创新成果有效转化。学校组建了“互联网＋智慧小镇”创业团队，立足学科优势，以云技术为支撑，打造了基于党建工作、电子政务、电商经济为一体的乡镇云服务平台，精准扶贫，推动奉节脐橙品牌价值不断提升。

华东师范大学深化国际合作，服务社会发展，为中国教育发展贡献智慧。首先，学校大力发展科技教育企业，聚焦“教育＋”“生态＋”“健康＋”“智能＋”“国际＋”五大行动计划，创业基地已累计入孵几百家企业，涌现出了上海傲梦网络科技有限公司、上海STEM云中心、有课互联（上海）科技有限公司等一大批科技教育和文化创意企业。其次，学校持续打造国际合作品牌，着力培养具有全球思维的“双创”人才，打造多学科交叉的转化科学与技术创新基地。学校连续多年举办以色列创新创业夏令营、中以（中国和以色列）创业大赛，打造国际创新创业活动品牌。学校与欧洲名校法国里昂商学院合作创立亚欧商学院，与法国高师学校（巴黎萨克雷高师、里昂高师、雷恩高师）联合建设中法联合培养研究生项目，加强创新创业领域的国际合作。最后，学校不断强化校园文化和社会责任感，助力推动创新创业教育成果服务国家社会发展。近年来，学校里涌现出了一大批令人瞩目的创业典型人物，产生了巨大的社会影响力。

二、示范性高校创业指导师资能力培养基地网络构建与管理

（一）结构设计

在构建基地的过程中，网络的构建与管理至关重要。其中，结构设计是实现基地高效运作和可持续发展的基石。合理的结构设计需要满足当前的需求，还应具备应对未来变化的灵活性。

在结构设计方面，应明确各部门和团队的职责和权限，避免职责重叠与空白，确保资源得到最有效的利用。例如，基地可以设置教学部门、研发部门、行政管理部门和对外合作部门等，每个部门根据其职责配备相应的人员和资源。随着外部环境和内部需求的不断变化，基地的结构设计还需要具备一定的灵活性，以便快速适应变化。例如，基地可以采用项目制管理方式，针对不同的教学和研发项目成立临时的工作小组，这些工作小组在项目完成后解散，从而保持组织结构的动态调整能力。此外，促进跨部门的协作对于提高创新创业能力和效率至关重要。基地应当设计并实施有效的跨部门协作机制，比如定期举行跨部门协调会议、建立跨部门项目团队等，以便于资源共享、信息流通和创意碰撞。在此过程中，信息的快速流通是确保基地高效运作的关键。结构中

应包含高效的信息系统，如内部网络平台、会议制度、报告系统等，以确保所有成员都能及时获取关键信息，做出快速响应。在结构设计中，还应考虑人才培养和职业发展的需求。通过设置清晰的职级体系、职业发展路径，以及持续的培训和学习机会，基地能够吸引和留住优秀人才，同时激励团队成员不断提升自己的能力。同时，优秀的结构设计还包括对资源的高效配置。基地需要根据教学和研发的需求，合理分配财务资源、实验设施、教学材料等，确保每一种资源都能得到最有效的利用。通过建立资源共享机制，如共享实验室、图书资源等，基地能够提高资源利用率，降低成本。

（二）功能定位

在确立核心功能的基础上，基地需要不断拓展功能范围，紧密跟踪市场需求和行业发展，优化和迭代自身的功能定位。同时，基地还需要积极承担社会责任，通过品牌建设提升自身的社会影响力，最终实现基地的可持续发展。基地可以采取以下措施优化自身的功能定位。

第一，确定核心功能。基地需要明确其核心功能是培养具有创新精神和创业能力的高质量教师和学生，这一核心功能决定了基地的主要活动和资源分配的重点。因此，基地需要设计并实施针对创业指导教师的专业培训计划，包括创业理论课程、教学方法研讨、行业实践指导等，以提升师资队伍的综合素质和教学能力；开发丰富多样的创新创业教育课程，涵盖从基础理论到实践技能的全方位知识体系，满足不同教师和学生的需求；组织和管理各类创新创业实践项目，为教师和学生提供真实的创业体验和实践机会，促进理论与实践的结合。

第二，扩展功能定位。除了核心功能外，基地还需根据外部环境和内部资源的变化，不断扩展和优化其功能定位。例如，基地可以尝试建立创新创业领域的研究与开发中心，致力于创新创业教育理论和教学方法的研究，开发新的教学工具和技术，推动创新创业教育的发展；积极开展国际合作与交流活动，引进国际先进的教育理念和教学资源，提升基地的国际化水平；利用基地的资源和专长，参与社会创新和创业活动，为社会提供教育服务和咨询支持，扩大基地的社会影响力。

第三，重视功能与市场需求的对接。为了确保基地的功能定位与市场需求紧密对接，基地需要定期进行市场调研和需求分析。通过调研了解创新创业教育领域的最新发展趋势、行业需求和政策导向，及时调整和优化基地的功能定位；深入分析目标群体的需求，包括师资培训需求、课程内容需求、实践项目需求等，确保基地的服务能够满足教师和学生的实际需要。

第四，承担社会责任，进行品牌建设。承担社会责任和进行品牌建设也是基地功能定位的重要组成部分。基地需要积极参与社会创新和公益活动，如青年创业培训、小微企业支持项目等，通过实际行动展现基地的社会责任感。此外，基地可以通过高质量的教育服务、成功的创业案例、积极的社会参与等，构建和传播自身的品牌形象。同时，基地可以利用媒体、社交网络等渠道，加强对外宣传，提高自身的知名度和影响力。

（三）人力资源管理机制

在基地中，人力资源管理是支撑基地发展的关键环节，它直接影响基地的教育质量和创新能力。有效的人力资源管理策略的实施，能使基地建立高效、动态、支持性的教师团队，为基地的长期发展和创新创业教育的质量提升提供坚实保障。一个有效的人力资源管理体系应包括招聘与选拔、培训与发展、绩效评估与激励机制、职业生涯规划等多个方面，这不仅能够吸引并留住优秀教师，而且能激发教师的创新潜力和教学热情，为学生创造充满活力的学习环境。

首先，招聘与选拔是构建优秀师资队伍的第一步。基地需确立一套透明、公正、高效的招聘流程，根据教育目标和未来发展方向，明确各部门的人才需求和岗位职责，制定具体的招聘标准，包括专业知识、教学经验、创新能力等。通过多渠道宣传招聘信息，包括基地官网、专业论坛、社交媒体等，吸引广泛的人才申请。同时，利用校友网络和行业合作伙伴关系，主动发掘和邀请潜在的优秀人才。基于招聘标准，对申请者进行严格筛选，邀请符合条件的候选人参加面试。面试过程中，除了评估候选人的专业能力和教学技能，还应关注其创新思维和团队合作能力。

其次，为了不断提升教师团队的专业水平和创新能力，基地需要建立系统的培训与发展体系。为新入职的教师提供全面的入职培训，包括基地文化介绍、教学理念和方法培训、创新创业教育培训等，帮助他们快速融入基地。鼓励和支持教师参加专业进修、学术研讨会和行业培训，不断更新知识和提升技能。同时，基地应定期举办内部培训工作坊和教研活动，促进教师之间的知识共享和经验交流。要与每位教师一起制定个人职业发展规划，明确职业目标和成长路径，提供必要的支持和资源，帮助他们实现职业发展目标。

再次，绩效评估与激励机制是激发教师积极性和创造力的关键。基地要制定科学合理的绩效评估标准和流程，定期对教师的教学效果、科研成果和社会服务等进行综合评价。除了管理层的评估，还应收集学生的反馈、同行的评价等多维度信息，为教师提供全面客观的反馈。根据绩效评估结果，实施有针对性的激励和奖励机制。这包括但不限于薪资提升、奖金发放、职称晋升、研究资金支持等。对于表现突出的教师，可以提供更多的职业发展机会，如参与重要的研究项目、出席国际会议、进行海外交流等。绩效评估还应用于识别教师在教学或研究中可能遇到的问题，基地需及时提供必要的支持和帮助。这可能包括提供教学辅导、科研指导、心理咨询等多方面的支持，以帮助教师克服困难，实现个人和职业的发展。

最后，在职业生涯规划方面，基地应鼓励教师根据自身的兴趣、特长和职业规划，选择合适的发展路径。基地应提供多样化的职业发展选项，包括教学、科研、管理等不同方向，以满足不同教师的发展需求。定期为教师提供职业发展咨询服务，帮助他们认清职业目标，规划职业发展路径，同时根据基地的战略发展需求，指导教师进行职业规划和技能提升。鼓励教师之间形成学习共同体，通过定期的研讨会、工作坊、教研活动等形式，促进知识分享、经验交流和相互学习。这种共同体不仅有助于教师个人技能的提升，而且能增强团队合作精神，提升基地的整体教学和研究水平。

武汉商学院实施了卓越人才强校工程，具体包括如下内容。

一是强化师德师风建设，全面落实新时代高校教师职业行为准则，将师德师风作为教师招聘、职称评审、岗位聘用、评优奖励等的首要要求和第一标准。进一步完善教师分类评价体系，激励广大教师教书育人，引导教师坚定理想信念，争做“四有好老师”（有理想信念、有道德情操、有扎实学识、有仁爱之心），当好“四个引路人”（做学生锤炼品格的引路人、做学生学习知识的引路人、做学生创新思维的引路人、做学生奉献祖国的引路人），坚守“四个相统一”（坚持教书和育人相统一、坚持言传和身教相统一、坚持潜心问道和关注社会相统一、坚持学术自由和学术规范相统一），不断提高思想政治素质和职业道德水平。落实立德树人根本任务，突出教育教学能力和业绩，科学评价科研成果的创新水平和科学价值，完善同行专家评价机制，推行代表性成果评价。不断优化岗位聘用制度，建立体现以增加知识价值和成果为导向的收入分配机制，探索推进落实优秀人才年薪制，建立重能力、重实绩、重贡献的薪酬分配激励机制。

二是引进并培育高层次人才队伍。牢固树立人才资源是学校办学第一资源的理念，创新人才工作机制，落实学校各项人才引进政策，形成全校全员参与人才引进工作的新格局。坚持“引培并重”原则，依托项目和团队，培育学科学术领军人才、各级教学名师和创新团队；加大紧缺专业博士人才引进力度，重点关注现有人才的培养和稳定；搭建交流合作平台，鼓励教师攻读海内外博士学位，实现师资队伍整体规模、质量的优化提升。学校积极提升“双师”队伍水平。坚持培聘结合、多措并举的“双师”建设思路，建设一支与应用型办学定位相吻合、与应用型人才培养相支撑、与应用型高校发展相适应的师资队伍。聘请若干学术水平高、实践经验丰富的大国工匠型专家，评选一批“双师双能”名师团队，建设一支教师和工程师资质兼具、理论教学和实践教学能力均强的师资队伍。

三是健全教师发展服务体系。统筹教师进修、职业发展咨询、教育教学指导、学术发展、学习资源服务等职责，加强过程管理和结果考核，落实教师国内外访学、挂职锻炼等工作。建立教师培训常态化机制，充分发挥教师发展中心的作用，完善省、校、院三级教师培训体系，确保新进教师100％参加岗前培训，提高青年教师的课堂教学、实践教学能力和水平；通过国内外访学研修、暑期短期研修、加入科技创新团队等，提高青年教师科研水平。

（四）质量控制机制

为确保基地能持续提供高质量的教育服务，建立和维护一套全面的质量控制机制至关重要。这套机制应涵盖课程设计、教学实施、实践项目管理等多个方面，确保每个环节都达到最优质量标准。这一机制不仅有助于基地内部的持续改进和发展，而且有助于建立基地在外部的良好声誉，吸引更多的优秀教师加入基地，为创新创业教育做出更大的贡献。质量控制机制应涉及以下几个方面。

第一，课程质量监控。课程是教育质量的核心，因此，基地需建立一套完善的课程质量监控体系。在课程设计阶段，应聘请内外部专家对课程的内容、结构和教学目标进行审核，确保课程内容的科学性、前沿性和适应性。要对教学材料进行严格的评审，包括教科书、案例研究、在线资源等，确保教学内容的准确性和时效性。通过评价反馈、课堂观察和教师自评等多种方式，收集对课程实施效果的反馈，及时调整教学策略和内容。

第二，教学质量评估。教学是实现教育目标的直接途径，教学质量的好坏直接关系到教育效果。基地应建立一套全面的教师评估体系，包括同行评审、学生评教、教学成果等多维度评估，以全面了解教师的教学效果。鼓励教师采用创新的教学方法，如翻转课堂、项目式学习、案例教学等，提高教学效果，激发学生的学习兴趣。基地可以定期举办教学研讨会，鼓励优秀的教师分享教学经验，促进教师之间的相互学习和提升。

第三，实践项目管理。实践项目是检验学习成效和培养实际能力的重要环节，对其质量进行严格控制是必要的。基地要制定详细的实践项目指导标准和流程，确保项目的实施能够达到既定的教育目标。鼓励学生在项目完成后进行成果展示，通过专家评审和同行评议等方式对项目成果进行评价，提供反馈和建议。要鼓励教师总结实践经验，形成案例或研究报告，以供后续教学和实践活动参考。

第四，持续改进机制。建立持续改进机制，是确保教育质量持续提升的关键。基地要建立质量反馈循环机制，将教学和实践活动中收集的反馈信息用于课程和教学方法的持续优化；成立专门的质量改进小组，负责监督质量问题，执行质量改进措施，定期对教育活动、课程内容、教学方法等进行评估和优化，确保质量管理措施得到有效实施；定期邀请外部专家和评估机构对基地的教育质量进行评审，获取客观的评价和建议，以便发现问题并进行改进；根据内外部评估的结果和最新的教育理念，不断更新和完善质量管理制度，确保制度的时效性和适应性；定期为质量管理人员提供培训，提高他们的专业知识和技能，确保他们能有效履行质量管理职责。

第七章 高校创业指导教师培养的国际经验

在全球化的背景下，高校创业指导教师的能力培养受到了众多国家和地区高等教育机构的重视，它们在这一领域积累了丰富而深刻的经验，这些经验不仅涵盖对教育体系的完善，而且涉及加强实践操作、优化教师资源配置，以及深化国际合作与交流。创业指导教师能力培养的国际成功经验，为我国创新创业教育发展提供了重要的参考。借鉴国际先进的教育方法和培训系统，我国高校可以优化自身的教育模式，更好地将理论与实践结合起来，从而提升创业指导教师的整体能力。

第一节　国外高校创业指导教师能力培养的成功经验

一、严格选聘高校创业指导教师

在创业指导教师的选拔和聘任方面，国外高校虽无统一标准，但都遵循严格的选聘指标。例如，美国高校通常要求创业指导教师持有博士学位，而实际上只有8%的高校提供博士级别的创业教育项目，这反映了其选拔标准的高要求。除了学历要求，几乎所有高校都强调教师应具备创业背景或实践经验。在德国，创业指导教师的选聘特别注重其创业实践经验，因此，许多高校直接从企业招聘教师，这是因为来自企业的教师拥有丰富的企业管理经验。在美国，创业指导教师队伍由校内专职教师和校外兼职教师组成，后者主要是来自知名企业的创业者，他们为教学和研究工作提供宝贵的实践经验。例如，美国巴布森学院要求每位教授创业课程的教师必须与一位企业家合作授课。日本政府也采取了多项措施，鼓励教师和研究人员参与企业的技术开发和经营管理工作。在日本，即便是以往不招聘兼职教师的重点大学和科研机构，现在也放宽了限制，允许聘请企业家和成功的创业者作为兼职教师，以增强教育的实践性和实效性。

二、注重高校创业指导教师的创业实践经验

具备创业实践经验的教师能够深刻理解创业实践、行业发展趋势以及社会对创业教育的需求。为了培养具有实践能力的人才，国外众多高校实施了综合策略：一方面，激励校内创业指导教师深入实践领域，积累一手经验；另一方面，聘请经验丰富的专家来校进行教学，以确保学生能够接触到最新的行业知识和技能。在美国，许多商学院的教授都有创业背景，还担任企业的外部董事。同时，美国高校积极聘请具有创业经验和学术背景的资深人士担任兼职教师，通过短期讲学、参与论坛和案例讨论等形式，为创业教育项目注入活力。这些资深兼职教师的参与，丰富了课堂教学内容，也激发了学生的学习热情，提高了创业教育的质量。在澳大利亚，大多数高校的创业指导教师是拥有高等教育背景的企业家，他们能够将理论与实践相结合，传授创办公司和工厂的实际经验。日本政府高度重视高校创新创业教育教师的实践经验，放宽了重点大学和科研院所研究人员的兼职限制，鼓励他们参与企业技术开发和经营管理。日本政府于2001年实施的“远山计划”为学术机构研究人员参与科技创业提供了条件，进一步丰富了教师的创业经验。在政府的政策鼓励下，日本各地高校纷纷创办研究开发型风险企业，其中约三分之一的企业由教授或学生担任总经

理。新加坡高校同样重视专兼职创业教育教师队伍的建设，定期邀请创业教育专家、成功的企业家、咨询顾问、知识产权律师、风险投资商以及政府经贸部门的官员等走进校园，为校内创业指导教师提供新的思路。这些举措有助于提升教师的教学水平，增强学生对创业的信心。

三、重视高校创业指导教师跨学科的专业素养

在创业教育领域，高校创业指导教师的多学科背景和综合能力至关重要。由于创业教育的综合性强，涉及的知识面广泛，高校创业指导教师需要能够系统地整合和应用不同学科的知识进行实践。日本高校的创业指导教师队伍由来自经营管理、风险投资、金融、法律、会计等多个行业的专业人士组成。他们在教授创业课程时，能为学生分享各学科的专业知识，还能分享宝贵的创业实践经验和人脉资源。在美国，高校对创业指导教师的要求不仅包括具备专业知识，而且强调教师必须具备创业意识。这种创业意识的形成得益于成功的通识教育，旨在培养学生的创业意识和创新思维。目的是让学生能够发现机遇，整合资源，并创造性地解决问题，将创业作为一种思维方式和行为模式。美国人普遍认为，这种能力比单纯的创办企业更为重要。英国高校在创业教育中也竭尽全力吸引各学科的优秀人才。这些人才带来的各学科领域的优秀成果，也促进了创业教育的发展。通过这种方式，英国高校能够帮助学生接触和了解跨学科的知识和技能，帮助他们在创业过程中更好地应对各种挑战。

四、强调高校创业指导教师的教学能力

20世纪90年代后期，为解决创业教育的普及带来的教师短缺问题，欧盟设立了培育创业型教师的任务目标。创业型教师应该具备以下能力：首先，他们需要擅长听取他人的意见，并且从中挖掘出有价值的想法，将其用于指导学生创业；其次，他们需要主动地去推广自己以及学校、社会发展中的优秀理念，例如迎接挑战、抓住机遇、开拓进取等；最后，他们的使命是激发年轻人的创新精神、自我发展愿望及学习兴趣，让年轻人在社会发展中实现个人成

功，促进社会进步。欧盟从特性和行为两个方面定义了创业型教师的概念。在特性上，他们热爱教育事业，态度乐观积极，自信并能主动开展教学，执行力强，信仰坚定，充满活力，具有前瞻性和创新能力，善于组织协调，不拘泥于传统，勇于挑战规则，拥有创造力与实践力。在行为上，欧盟强调创业型教师应作为促进者，引导学生主动学习，将学生置于教育的中心地位，承担学习责任。教师的角色从传统的知识传授者转变为满足学生需求的学习支持者，尤其在学习后期，教师需引导学生反思和总结，促进学生成长。教师需在放任与过度监管之间找到平衡，既不放任自流，也不过度干预，以确保学生有独立思考的空间。这种平衡对于培养学生的自主学习能力和创新精神至关重要。

英国高校在评价创业指导教师时，十分关注教师的教学经验，以及企业运营经验或创业经验，并考察教师将自身经验和教学理论进行融合的能力。作为创业指导教师，他们必须具有对市场、社会环境变迁及时代特点的高度洞察力，并能根据实际情况灵活调整教学策略。这意味着他们传授给学生的不仅仅是实用的理论知识，还包括针对特定情况做出适当判断的方法。以英国的中央兰开夏大学为例，其规定教授创业教育课程的教师应拥有系统的知识背景，并且曾承担或者正在从事相关领域的工作，他们可以在课堂上运用自己的实际工作经验来引导学生加深对专业知识与创业之间的联系的理解，从而为学生提供更多的实践经验和机会。另外，在评估创业指导教师时，英国的高等教育基金会专门设置了用于表彰那些在创新创业教育方面表现优秀、取得显著成就的教师的教育基金，以此激励他们不断进取。

第二节　国外成功实践案例

一、新加坡：跨行业培训提升教师的适应能力与创新教育能力

新加坡政府推行的Teacher Work Attachment Plus（TWA＋）项目，通过提

供丰富的学习机会和跨行业工作附加体验，显著扩展了创业指导教师的视野，使他们更加具备引导学生应对未来挑战的能力。TWA＋项目特别设计了一系列专业学习体验，覆盖不同的行业集群和领域，旨在引导教师深入探索每个行业的趋势、挑战和机遇。项目持续时间为两至四周，使教师能够通过沉浸式体验，直接参与行业实践。

通过这一项目，创业指导教师能够更好地理解和应对不断变化的行业环境，增强自身的适应能力与创新教育能力。这种跨领域的专业发展经历，不仅促进教师个人实现了成长，而且为学生提供了更加丰富和具有前瞻性的教育内容，极大地提高了教育的实用性和创新性。TWA＋项目通过系统性的跨行业培训，有效提升了创业指导教师的专业素养和教学质量，使学生为未来面对不确定、复杂和充满挑战性的创业项目做好准备。

二、欧盟："Teaching Entrepreneurship"项目激发教师和学生的创业精神

在当前全球经济与技术快速演进的背景下，高等教育体系正面临前所未有的挑战与机遇。为此，欧盟倡导并实施了"Teaching Entrepreneurship"项目，旨在为高等教育领域的教师提供一条全新的培养路径，从而引领学生走向创新与创业的广阔天地。该项目作为一项自主学习的在线课程，面向各学科背景的高校教师，旨在将创业精神融入教学实践之中，培养教师和学生的创业能力。

"Teaching Entrepreneurship"项目的核心理念为"通过创业教学"，目标在于强化高等教育中创业精神的必要性，并激发教育工作者基于创业能力框架发展自身的创业竞争力。项目内容涵盖创业背景知识、创业心态、应对挑战的决策框架、系统思维及其影响、持续创新与创业工具的使用、负责任的创业实践，以及通过教练方式优化学生创业成果的方法。

通过参与"Teaching Entrepreneurship"项目，教师将获得一系列深化理解创业概念与实践的机会，包括但不限于以下内容。一是了解"Teaching Entrepreneurship"项目背景知识。教师可以深入探索与该项目相关的基础知识，为教学提供坚实的理论支持。二是培养正确的创业心态。教师可以通过"Teaching Entrepreneurship”项目理解创业心态的核心内容，培养面对不确定性的积极态度。三是学习系统思维方式。教师可以掌握系统思维方式，了解其在教学中的应用，以促进跨学科的学习和创新。四是了解持续创新的重要性，并学习如何运用创新工具。五是理解如何负责任地创业。

“Teaching Entrepreneurship”项目作为欧盟的一项重要倡议，不仅体现了欧盟在高等教育中对培养创业精神的深远考量，而且为全球教育领域提供了一种全新的教学模式与思维方式。该项目通过一系列精心设计的在线课程和实践活动，有效地激发了教师和学生的创业热情，促进了教育与创业实践的紧密结合。特别是在强调跨学科学习、系统思维和持续创新的今天，该项目的实施为构建开放、创新的学习环境提供了范例。

“Teaching Entrepreneurship”项目提供了一种值得借鉴的模式。首先，该项目强调了教师在培养学生创新与创业能力过程中的核心作用，指出教育工作者自身必须具备创业心态和相应的教学能力。其次，该项目通过跨行业的学习和实践，鼓励学生和教师跳出传统学科框架，探索多元化的知识和技能，这对于培养具有全球竞争力的创新人才具有重要意义。最后，该项目强调的负责任创业和持续创新的理念，为教育机构提供了如何在快速变化的社会经济背景下引导学生和教师共同成长的启示。我们可以从中汲取灵感，探索适合我国国情的创新创业教育路径，以培养更多能够适应未来挑战、引领社会进步的新一代创新人才。

三、美国：巴布森学院是塑造未来创新者的典范

巴布森学院是美国的一所商学院，以创业学闻名，位于波士顿附近，有多样化的课程。巴布森学院提供了一系列旨在支持教育工作者获得专业成长的项目。这些项目为参与者提供了学习和应用创业教学法的平台。巴布森学院没有专业设置，学校开设了100多门课程，这些课程自成体系。巴布森学院借助其在创业教育领域的深厚积累，设计了一套包括在线课程和实践活动在内的教育体系，旨在促进教师和学生的创业思维发展。这一教育体系的核心，在于强化教师对于在高等教育中创业精神必要性的理解，并通过一系列定制化的学习模

块，帮助教师掌握将创业理念融入教学的方法。这些学习模块包括对创业基础理论的介绍、创业心态的培养、创业教学法的应用等，旨在通过实际案例分析和互动学习，提升教师的教学能力。此外，巴布森学院创建了一个全球性的教育者社区。该社区不仅促进了拥有不同背景的教师之间的交流和合作，而且为教师提供了一个分享创新教学方法和实践经验的平台。

第三节　我国高校创业指导教师培养体系建构启示

一、建设一支具有良好创业素养的专兼职教师队伍

目前，我国高校创业指导教师较为缺乏，不能满足高校创新创业教育教学需求，严重制约了我国高校创新创业教育的发展。高校应加强创业指导教师的培养力度，建设实力雄厚的、动态发展的专兼职创业指导教师队伍。高校可以从以下方面做出努力。

一是改革创业指导教师聘任制度。高校应打破常规，广纳贤才。通过建立绿色通道，吸引国内外杰出的创业人才，无论是招聘优秀的应届毕业生，还是通过社会招聘吸引具有丰富经验的在职教师，或者是聘请在企业中取得突出成绩的创业者，高校的最终目的是构建一支专业、多元化且具有动态发展潜力的创业指导教师队伍。这些教师将负责创业教育的基础教学、实践指导和管理工作。

二是借鉴国际经验。高校可以效仿国外知名学府的做法，聘请具有丰富管理经验及理论素养的企业家、风险投资专家、咨询顾问、技术专家、孵化器管理者、政府官员和法律专家等作为兼职教师。根据国内外创业教育的成功案例和我国高校的实践经验，理想的创业教育专家应来自经济管理、工程技术、政府部门、企业、创业园区、投资公司等多个领域。这些兼职教师将与高校的创业指导教师合作，共同讲授创业课程，为大学生提供创业实践指导。通过这些措施，高校可以培养出一支能够满足创新创业教育需求的高质量师资队伍，从而推动我国高校创新创业教育的健康发展。

二、加强高校创业指导教师的创业实践

我国高校创新创业教育起步比较晚，高校创业指导教师大多没接受过系统化的创新创业教育，很多高校尚未形成一支专业化、正规化的师资队伍。少数高校没有把创新创业教育纳入课程体系，仅仅是以讲座的形式进行创业指导。究其原因，主要是创新创业教育还没引起一些高校足够的重视，教师观念保守，缺乏创业意识、创业精神、创业知识、创业素质和创业能力，这会阻碍高校创新创业教育的发展，不利于高校创业指导教师向着专业化的方向发展。

在国外，教授创业指导课程的教师往往具备创业或投资的实践经验，对企业运营有深刻理解。然而，在我国，大部分高校的创业指导教师队伍主要由传统的思政课教师、学生辅导员担任，他们在创新创业教育方面的知识储备存在明显不足。此外，一些原先从事企业管理学科教学的教师虽然拥有丰富的理论知识，但实践经验相对缺乏，仍处于理论指导的初级阶段。这些教师普遍缺少创业经历和实践能力，真正具备科研、生产实践和创业经验的创业指导教师数量有限，难以满足学生的需求。

鉴于创业活动具有高度的实践性，教师的个人经历、经验和知识积累对教学效果有着决定性影响。因此，高校在构建创业指导教师队伍时，应特别强调实践的重要性。高校可以从以下方面做出努力。一是实施激励政策。鼓励教师参与企业咨询和研究活动，亲身体验创业过程，以增强自身的实践管理经验，避免理论与实践脱节。二是营造创业文化。学校应创造宽容失败、鼓励创业和冒险的宽松、自由的环境，为教师提供良好的创业氛围。三是推动产学研一体化。支持骨干教师带着有市场潜力的项目进行创业，以此积累管理和实践经验，培养一批兼具学术素养和创业精神的创业型学者或学者型企业家。教师的成功创业不仅能激发学生的创业热情，而且能为学生树立榜样，实现师生共同进步。四是建立创业教育实践基地，为教师从事创业实践活动提供支持。创业教育实践基地作为连接理论与实践的桥梁，是学习研究向实际操作转化的渠

道。在创业教育实践基地的建设和管理中，教师可以不断学习新技术，掌握国内外科技动态，拓宽视野，更新观念和知识，实现教学相长，提高个人素质，成长为专家型教师。通过这些措施，高校可以培养出一支既懂理论又有实践经验的创业指导教师队伍，更好地满足学生的需求。

第八章 高校创业指导教师能力培养策略

在国家实施创新驱动发展战略的背景下，高校承担起了培养创新型人才的重要使命。高校创新创业教育旨在培养大学生的创新创业意识、精神与能力，是推动经济转型和高质量发展的必要途径。作为知识传播者和创业引领者的创业指导教师，其专业水平和素质直接影响创新创业教育的成效。因此，为了构建一支专业化、高素质的创业指导教师队伍，高校需要建立健全创业指导教师能力的系统培养机制。

第一节 高校创业指导教师能力培养的理念、目标与内容

一、明确高校创业指导教师能力培养的理念

在教育、科技、人才一体化发展的背景下，高度重视高校创业指导教师能

力培养是推动高校创新创业教育发展的重要举措。优秀的创业指导教师是创业教育的核心力量，更是培养新时代创新人才的关键。因此，对于高校而言，选拔出真正具备专业素质和实践经验的创业指导教师至关重要。为了确保切实提升创业指导教师的能力，高校应树立正确的培养理念。通过明确价值导向、实现人岗匹配、契合国家战略的能力培养理念，高校可以有效提升创业指导教师的综合素质，推动创业教育的长足发展。

首先，确立能力培养的价值导向，即以学生为本。在能力培养过程中，高校应坚持以学生为本的教育理念，并强调创业精神的培养。以学生为本要求教师关注学生成长与发展，理解和满足学生需求，从而提升自身的创新能力和创业素养。创业精神的培养侧重于创新思维、实践能力和创业热情的培育。通过在能力培养中植入这些核心价值导向，教师能引导学生在创业过程中积极探索与实践，推动教育质量的提升。

其次，确立能力培养的人岗匹配目标，即教师能力与岗位需求契合。教师的知识、技能与态度需要与岗位要求相符，唯有如此，教师才能充分发挥其效能。在能力培养中，应明确教师的角色与职责，从教学、研究、项目管理等多个角度确定教师需要具备的核心技能。高校在培养创业指导教师的过程中，应确保教师的能力与岗位需求高度契合，这不仅能提高教学质量，而且能增强教师的工作满意度和成就感。

最后，契合国家战略，即将能力培养与国家需求和政策导向相结合。当前，我国正在经历由制造业巨头转变为智能制造巨头的关键阶段。教师能力的培养应与国家的创新驱动发展战略和经济转型需求相适应。在这一过程中，应重点培养具备科技创新能力和产业实践经验的教师，以推动创业教育与国家重大战略紧密结合。通过加强对创新能力的培育，高校可以提升教师队伍整体素质，助力国家经济转型升级，提高产业竞争力，提升高校的教育质量和社会影响力。

二、科学设定高校创业指导教师能力培养的目标

通过科学明确的目标导向，高校可以显著提升教师的专业素养，满足多样

化的创新创业教育需求，并助力国家创新战略的实施。首先，设定明确的培养目标有助于高校提升创业教育的整体水平。在创新创业教育体系中，教师不仅是知识的传授者，而且是创新精神的启迪者。有了清晰的培养目标，教师的专业发展得以聚焦和深化，从而提升创业教学的质量和效能。其次，科学的培养目标有助于满足高校对创新创业教育的多样化需求。高校需要应对快速变化的经济和社会需求。系统而明确的培养目标能够使教师不断更新其教学策略和内容，以应对新兴的创业挑战和机遇。此外，明确的培养目标促进了教师个人的职业发展，提高了教师的成就感。教师专业发展理论强调，清晰的职业目标有助于激励教师追求卓越，增强其职业满意度和自我价值。这能增强教师队伍的稳定性，也能为高校创业教育持续注入活力与创新动力。基于此，笔者认为，可以从以下三个维度设立高校创业指导教师能力培养的目标。

第一，培养“能创业的人才”。创业指导教师的一个关键特质，就是要具备创新创业精神。创新创业教育生态系统理论强调，拥有创新创业精神的教师在学生创业教育中发挥着关键作用。具备创新创业精神的教师能够敏锐地识别行业变化和市场动态，勇于挑战传统思维和现有模式，为学生树立榜样。教师不仅是知识的传授者，而且是学生创新精神的启迪者和引导者。通过强化自身的专业学习，教师能够不断增强其创业思维和实践能力，并将这些特质有效传递给学生。这种传递有助于激发学生的创新意识和勇于冒险的精神，使他们在面对不确定性和挑战时具备更多的韧性和适应能力。经验丰富的创业指导教师，能够通过分享个人创业故事和参与实践项目，为学生提供实际的情境教学案例，直观展示创业的动态过程。这不仅能引导学生将理论与实践相结合，而且能培养学生应对复杂创业环境的核心能力。此外，教师的创业精神不仅限于课堂教学，更体现在指导学生参与项目孵化、创业竞赛和创新活动中。

第二，培养“能教出创业人才的人才”。创业指导教师应具备丰富的商业实践经验，还要能够将这些经验转化为教学内容和教育资源。有效的创新创业教育要求教师具备将实践经验转化为丰富教学资源的能力。教师应通过多样化的发展路径，持续进行行业实践和学术交流，以确保其知识体系与当前市场动态保持同步。这样，教师可以更好地将复杂的创业过程简化为可教、可学的知识结构，便于学生理解和应用。一位优秀的创业指导教师，应能够通过简洁明了的语言阐述自身的创业历程，并准确解释其背后的逻辑和流程。通过这类生动的实践教学，学生能够更直接地理解和接受有关创业的知识和技能。在课堂上，教师需要灵活运用案例进行教学，通过真实的创业实例，使学生能够在学习理论的同时获得实践经验。这种实践与理论的整合，推动学生在解决现实问题中应用所学知识，提升创造力和创新技能。通过创造动态的学习环境，教师能激发学生的批判性思维能力和创新能力，从而使他们具备应对未来挑战的能力。

第三，培养“能带领创业的人才”。创业指导教师的一个关键角色是资源整合者。教师需要拥有深厚的创业实践背景，还应具备广泛的社会和商业网络资源。通过整合这些资源，教师能够为学生提供更加丰富和多元化的实践机会。教师可以通过组织行业活动、建立实习和创业实践平台，将企业资源和市场需求有效引入校园，为学生提供直面市场的实践机会。这种资源整合和引导，能提升学生创业项目的市场竞争力，也能增强他们的市场洞察力。此外，教师还应积极参与创业论坛、研讨会等活动，为学生创造与企业家和投资者互动的平台。通过这些平台，学生能够展示自己的项目和能力，还能够从行业专家那里获取反馈和指导。这一过程能增强学生的信心，助力其在未来的创业之路上取得成功。

三、提炼高校创业指导教师能力培养的内容

（一）理论教学与实践经验相结合

创新创业教育与普通学科教学不同，其课程具有很强的实践性。创业指导教师不仅需要教授如企业管理、市场营销等专业理论知识，而且要能够指导创业实践。他们需要帮助学生掌握行业最新动态，引导学生探索商业模式，与学生探讨创业项目的相关细节。这要求教师不能仅仅依靠个人经验和直觉，而是要基于扎实的理论基础和丰富的实践经验开展教学活动。因此，将理论教学与实践经验相结合的能力是教师必须具备的重要能力之一。理论为教学提供了系统的知识框架，而实践则使这些理论在真实环境中得到验证和应用。这种结合

提高了教学的有效性，还提升了学生的实际操作能力。实际案例教学是将理论转化为实践的有效工具，可以使学生通过反思和批判性思维发展出更强大的创造力。

（二）跨学科知识整合

跨学科知识整合是创新创业教育中不可或缺的一部分。创业教育涉及多个领域，包括金融、市场营销、技术创新和法律法规等。现实中，需要改善教师个体知识结构单一、兼职教师素质参差不齐的问题。因此，教师需要教授单一学科的知识，还需要统筹不同学科的内容，以支持复杂的创业项目。理论上，教师具备跨学科知识整合能力不仅能满足学生不同的需求，而且能为学校的创新创业教育体系建设提供强有力的支持。此外，组织学习理论强调，不同背景和经验的教师可以提供多样化的观点，促进知识的积累和创新的产生。根据学术资本理论，教师的学术背景和经验构成了他们的学术资本，这对于提升整体教育质量和学术氛围具有重要作用。此外，通过跨学科知识整合，教师能更好地应对不断变化的教育需求和市场挑战。

（三）创业项目的组织管理

创业指导服务和组织策划能力是创业指导教师至关重要的能力。这些能力不仅能促进教师有效开展创新创业教育，而且能显著提升学生的创业成功率。

创业项目的实操要求教师具备丰富的行业知识和敏锐的市场洞察力。教师需要了解最新的行业趋势和技术动态，以便为学生提供及时、专业的建议。这要求教师能够帮助学生识别市场机会、制定战略计划并优化商业模式，从而提升项目的执行效果。通过与企业建立联系，教师也能为学生创造更多实践机会。

在组织策划能力方面，教师需要掌握活动策划和管理的技巧，包括创业比赛、创新工作坊和创业论坛等。此外，教师还需具备协调和推动多方合作的能力。创业教育涉及校内外多种资源与利益相关者的整合，如学校、企业、投资人等。通过策划跨学科和跨机构的合作项目，教师能够为学生创造丰富的学习环境和真实的商业体验。通过提升创业指导服务和组织策划能力，教师可以更加系统和有效地支持学生的创业实践。

第二节　高校创业指导教师能力培养路径

一、构建完善的培训体系

构建系统全面的培训体系能够为创业指导教师提供清晰的发展路径，不仅能够提升他们的专业能力，而且能赋予他们更加积极的角色。调查表明，目前，大多数高校的创业指导教师团队包括以全日制教师为主导的创业教育团队、合作院校的高质量研究团体、业界兼职导师团队及跨校导师团组成的教学团队。就专业职称来看，创业指导教师包括高级、中级和初级职称的教师；就年龄结构来看，包括老、中、青年教师；从学术结构来看，包括企业管理、教育、思政等专业领域的教师。高校应根据不同教师的特征和需求分层制定具体举措，提升教师综合能力，具体做法如下。

一是制定分层培训计划，精细化提升创业指导教师的能力。分层培训计划是提高高校创业指导教师能力的重要举措，旨在为教师提供有针对性和系统化的专业发展支持。初级层次的培训主要面向刚入职或经验不足的教师，培训主要聚焦于创业教育的基础理论和教学方法，包括创业管理、商业模式创新、市场调研和财务管理等核心内容。这为教师开展创业指导工作奠定了扎实的理论基础，使他们能够设计出更具吸引力和实用性的教学课程。中级层次的培训重点关注进阶的教学技能和实践应用，致力于提升教师的实际教学能力。引入案例教学法、问题导向学习法和体验式学习法等先进教学方法，推动学生参与实践。这些方法不仅能提高课程的应用性，而且能培养学生的创新思维和解决问题的能力。通过系统化的中级层次的培训，教师在实践中能够更好地应用这些教学方法，提高整体教学质量。高级层次的培训则聚焦于拓展教师的国际视野和提升其研究能力。通过邀请国际知名创业教育专家开设讲座与进行研讨，为教师提供前沿的创业教育理念发展动向。此外，高级层次的培训还应鼓励教师参与国际合作研究项目，提升科研能力，促进教学创新。这种多层次的培训计划，能满足不同阶段教师的成长需求，也为高校创新创业教育提供持续发展的动力。

二是制定创业指导教师个人职业中长期发展规划，将培训和实践贯穿创业指导教师的成长过程。坚持青年教师导师制，学校聘请企业专家作为创业指导教师的实践导师，帮助他们结合实际情况指导学生从事创业实践活动，明确教学方向和创业指导领域，制定职业发展规划。例如，高校可以为每位青年教师配1名导师，进行为期1年的指导；组织骨干青年教师赴国内外知名大学培训进修；组织一线教学人员参与和教学质量控制与提升相关的培训；邀请名师面对面为青年教师授课，为青年教师职业生涯规划和学术成长提供交流平台等。

二、设计精准的能力提升模型

首先，开展创新与创业思维能力提升培训。设计系统的培训主题，可以推动教师在思想层次上进行深刻变革。多维度的培训旨在使创业指导教师具备创业者的思考方式，进而在创业指导工作中更好地发挥指导和引领作用。这种思维方式的转变能为课程的顺利开展奠定坚实的基础。

其次，提升教学设计能力。在创业教育的实际应用中，教学设计能力的提升显得尤为重要。教学设计不仅强调授课技巧，而且涉及引导学生养成开放创新、积极进取的态度。教师可以学习并应用各种不同的教学策略，如游戏化教学策略等，更好地适应新的教学环境。这能有效提高教学质量，使教师在面对新型学生群体时具备更强的课堂掌控能力和灵活的教育方法。

再次，提升专创融合能力。专创融合强调的是在专业课程中融入创业教育理念，这要求教师具备跨界整合的能力。这能促进教师以创业者的视角进行课堂设计和内容呈现。通过这种专创融合，课堂教学变得更具有效性和趣味性，教育价值也因此得到提升。这有助于学生更好地理解专业知识与创业实践的关联，从而提升学习体验。

最后，拓展商业应用能力。面对日益复杂的商业环境，创业指导教师需要具备扎实的理论知识基础，还需要具备实际的商业应用能力。教师要学习产业管理模式、组织架构和财务运营等知识。高校与企业合作，为教师提供在企业实践的机会，有助于教师将理论学习成果转化为实际操作能力。

三、通过多样化途径，全面构建教师能力培养体系

（一）内部培养

高校内部加强对教师的培养是提升高校创业指导工作水平的基石。通过内生性的发展路径，高校可以确保教师在创新创业教育方面的能力得到系统提升。首先，高校要定期组织职业训练活动，例如主题演讲和由行业内优秀导师提供的课程，使教师能够持续接触到创新创业的最新理念。其次，高校可以强化“双师型”教师的培养，通过安排教师到企业进行挂职锻炼，有效提升他们的实践和科研能力。这种打破院校与企业界限的做法，能帮助教师在真实市场环境中积累经验，为其后继完成教学任务打下坚实的基础。加强“双师型”内涵建设，确保教师能将学术理论与实际操作相结合，丰富教学内容，提升课堂的实效性和吸引力。最后，高校可以通过实施高层次人才校企共享计划，适时选派优秀教师到企业参与科技攻关任务或重大项目研究，并担任企业顾问。这些措施能丰富教师的专业背景和社会实践经验，也是推动创新创业教育发展的重要动力。

（二）外部资源整合

引育并举，即将“走出去”与“引进来”相结合，是提升教师创新创业能力的有效策略。通过吸引外部优秀培训导师和资源，高校可以为教师提供更加多样化的学习机会。

首先，高校应进一步加强与业界的合作，积极吸引具有丰富创业经验的企业家和高级管理人员加入行创新创业教育师资队伍。这些人员不仅具备实践经验，而且拥有广泛的商业网络和资源，可以为学生提供真实的创业指导和支持。根据社会资本理论，校外导师的参与能扩展一线教师的社交网络，为教师带来了新的资源和合作机会。例如，高校可以通过设立企业导师计划，邀请企业家和高级管理人员定期开展讲座、工作坊和一对一指导，帮助创业指导教师深入了解创业过程中的挑战。

其次，高校应拓展国内外合作渠道，引进海外知名创业教育专家和导师。通过与顶尖高校和创业孵化器的合作，高校可以邀请具有全球视野和先进理念的专家加入师资队伍。例如，可以设立“访问教授导师”职位，定期引进高水平专家开展教学与研究合作，提升本校创业教育的国际化水平。

最后，数字化和在线教育平台也是拓展创业指导教师培训渠道的重要手段。通过搭建创业教育平台，高校可以邀请全球范围内的优秀创业指导教师为一线教师提供远程指导和在线课程。例如，利用慕课，教师能随时随地获取来自全球各地创业导师的专业指导和资源支持。

（三）实践体验

现场培训与实践体验在教师能力建设中扮演了重要角色。通过实际参与和观察，创业指导教师能够在实践中理解和应用创业教育理论。例如，通过工作坊、模拟创业比赛、企业挂职或行业实践活动，教师能够提升自身在真实情景中解决问题的能力。工作坊作为一种以主题为导向的学习策略，为教师提供密集的动手实践机会，使其能够在有限的时间内实现特定技能的突破。模拟创业比赛不仅让教师成为参赛者，而且可以帮助教师设计更能激励学生的比赛内容与形式。这种模拟环境能帮助教师在教学中提供更准确、更具指导性的内容。在企业挂职或行业实践活动中，教师有机会直接了解市场运作和企业管理的细节。这种第一手的经验和观察能力，为其课堂教学提供了丰富的案例素材，使教学内容更具有实际意义和吸引力。

（四）校外合作

校外合作与资源利用为教师提供了重要的外部支持。通过与企业建立战略合作关系，高校能够为教师搭建综合性的创业实践平台。教师在这种合作关系中，不仅能理解企业运营的具体模式，而且能参与企业项目，获得宝贵的实践经验。这种企业实践能有效提升教师的教学能力。邀请行业专家进行辅导是另一种有效的资源利用方式。通过与行业内成功创业者互动，教师不仅能学到实用的创业技巧，而且能获得创业过程中的经验，了解成功与失败的案例。这种直接经验的分享为教师的教学实践提供了具体的指导，能使教师更好地理解和应用创业理论，有助于教师将这些理论融入教学，将最新的行业发展和市场动态传递给学生，从而提高课堂的实效性与吸引力。

（五）协作学习

协作学习在创业指导教师能力提升中发挥着关键作用。通过组建专业学习小组或教学团队，教师可以在支持性的环境中实现学习和成长。协作学习鼓励教师之间的资源共享和经验交流，有助于创新思维的碰撞与融合。通过共同探讨和解决教学中遇到的难题，教师能够提升自身的专业素养，并在实践中不断优化教学策略。协作学习还能促进跨学科的合作与交流，教师可以结合不同学科的视角，开发出更具综合性的教学方案。这种多元化的合作能够使教师产生更多的灵感和解决方案，提高教学方案和资源的配置效率，增强课堂的互动性及有效性。

第三节　高校创业指导教师能力培养的保障机制

完善的政策保障、资金保障、考核制度、激励机制，对于高校创业指导教师能力培养具有重要意义。这些不仅有效提升了教师的教育能力，而且为未来的教育创新和发展奠定了坚实的基础。

一、政策保障

政策保障在高校创业指导教师能力培养中扮演着重要角色，是提升教师创新创业指导能力的基石。制定明确的政策，为高校创业指导教师提供全面支持，是提升其能力的基本途径。通过有效的政策保障，高校可以促进教师在创业教育中的参与和成长，从而推动整体教育质量的提升。高校应当出台专门针对创新创业教育的政策和制度，这些政策和制度能够为教师提供具有实际意义的支持与指导。例如，通过提供优先培训机会、高校实地考察、参与实践项目以及科研活动等方式，增强教师参与创新创业教育的积极性。这能提高教师的理论知识水平，还能帮助他们获得实践经验，使他们在指导学生创业时更具竞争力。高校可以从以下方面做出努力。

第一，高校需设立专项政策，以确保创业指导教师在职业发展中得到充分支持。一项有效的政策是建立灵活的培训体系，考虑教师的多样化需求，提供定制化的发展路径。例如，可以针对不同发展阶段的教师提供不同层次和内容的培训项目，以此满足其在专业知识、创业技能和教学能力等方面的提升需求。

第二，政策设计还应重视教师之间的协作与交流。高校可以尝试打造开放的学术环境，鼓励教师进行资源共享与经验交流，这是极为重要的。协作与交流能促进教师在创业教育中的成长。通过共同研究和项目合作，教师能够集思广益，创新教学方法。

第三，高校需要保障和支持教师参与国际化交流与学习。高校可以为教师提供机会，鼓励他们参加国际会议、访问国外其他高校或企业。有了这样的国际化交流与学习机会，教师能够将最新的教育理念和方法引入本校的教学实践。这种持续的交流与学习有助于教师获取新的视角和知识，促使他们在教学中不断创新。

第四，教师的职业发展规划也是政策设计中的关键组成部分。通过为教师提供职业规划和发展支持，高校可以帮助他们明确在创新创业教育领域的长期目标，为教师提供晋升机会，以及其他形式的职业认可，增强教师的职业归属感和成就感。这种支持将激励教师更积极地参与创业教育，从而有效地推动其教学和创业指导能力的不断提升。通过职业规划和发展支持，帮助教师明确其在创新创业教育领域的长期目标。例如，可以通过设立荣誉称号、提供晋升机会以及其他形式的认可，增强教师的职业归属感和成就感，使其更愿意并更积极地投入到创新创业教育事业中。

二、资金保障

资金保障是推动高校创业指导教师能力培养的基础。充足的资金不仅能保障培训和发展项目的执行效果，而且能确保教师在资源丰富的环境中开展教学和研究活动。为实现这一目标，高校应在预算中设立专门资金，用于提升教师能力和推进创业教育项目。

首先，高校需要确保资金的有效分配，将资金重点投入到教师培养、引进外部专家和推动国际交流计划等关键领域。这样，资金不仅提供了实质性的支持，而且为教师创造了丰富的发展机会和良好的学术环境。例如，通过资助教师参加国际学术会议，高校可以拓展他们的专业视野，提升他们的国际化交流能力。同时，邀请外部专家来校开展讲座和工作坊，也可以直接促进教师的知识更新和技能提升。

其次，高校应采取积极策略，争取来自政府、企业及社会各界的资助，形成多渠道的资金支持体系。这种多元化的资金来源减少了单一资金来源的风险，还扩大了高校在创新创业教育领域的财务基础。例如，与企业合作可以为高校带来额外的财务支持，为教师和学生创造宝贵的实践机会，而政府的专项资金则可以为高校提供稳定的财务保障。多种支持形成合力，为教师的创新创业教育发展提供坚实的后盾。

再次，为了进一步激励教师积极参与培训活动，高校可以通过奖金或补贴减轻教师的经济负担。这些激励措施不仅提高了教师参与培训活动的主动性，而且有助于激发教师在创业指导工作和科研工作方面的动力。通过设立教学创新奖或科研进步奖，高校可以表彰在创新创业教育中表现突出的教师，这样的激励政策能够鼓励教师在教育创新中投入更多精力和热情。

最后，合理的资金配置还应关注教学和研究的基础设施投入。高校应为教师提供现代化的实验室设备、教学工具和数字资源，这能提升教育项目的质量，还能为教师创造更加便利和高效的工作环境。这些基础设施的改善，有助于教师在教学和研究中充分发掘自身的潜力。高校还需确保资金使用的透明度和有效性，通过设立专门的财务监督委员会或咨询机构，对资金的使用进行定期审计和评估。这有助于提高资金使用效率，也能增强社会和师生对高校财政管理工作的信任。

需要注意的是，资金必须具有可持续性。高校在制定资金配置策略时，应慎重考虑长期发展的需要，确保资金政策能在未来几年内持续支持教师能力的提升和教育项目的推进。这可能包括制定长期资助计划、创建专门的基金，以及通过多样化的投资策略提高资金的增值能力。

总之，通过系统合理的资金保障和优化配置，高校能够为教师能力的提升和教育项目的推进提供强有力的支持。这有助于拓展教师的专业发展空间，也将推动高校整体教育质量的提升，为创新创业教育的发展提供坚实的基础。

三、考核制度

对高校创业指导教师进行客观、全面、公正的考核和评价具有十分重要的意义，有助于提高教师的教学质量，有利于促进创业实践的发展，还有助于增强教师的责任感、使命感和指导学生创新创业的积极性。

考核制度需要以业绩成果为导向，并通过科学评价来实现。为此，高校需进一步细化针对创业指导教师设计的岗位职责和要求，制定明确的考核内容与业绩标准。健全和完善的考核指标体系应该从提高人才培养质量的角度出发。具体而言，考核内容应涵盖教师在校企合作、产教融合，以及指导学生创业等方面的工作成绩。此外，还需关注教师的合作精神和团队协作能力，这些软技能也是成功的创业指导教师不可或缺的。

针对不同的岗位职责和要求，考核指标可以包括教师参与的创新创业项目数量、学生创业成功率、合作企业反馈情况、教学创新能力等。此外，高校应鼓励教师在促进学生核心创业技能形成中做出贡献，并定期更新考核指标，以反映行业变化和学校的战略目标。

考核方法需要多样化，结合平时考核与定期考核、同行评价与学生评价、定性分析与定量分析等多种手段。通过这些方法，高校可以更全面地了解教师的表现和贡献。例如，教师可以通过个人总结和自评展示自我反思与成长过程，教研室可以通过同行互评提供专业视角的反馈，学生满意度评价则直接反映了教师的教学效果和学生体验，而教学督导评价则提供了外部监督的视角。

这种多元化的考核方法确保高校对教师的工作有比较全面的了解，也为教师提供了多维度的反馈，让他们了解自己在不同领域的优势和需要改进的地方。评价结果应该透明化和可反馈，这意味着教师能够清楚地了解自己被评价的标准和过程，明确自己的优点及缺点，从而在今后的工作中扬长避短。

考核结果应作为教师绩效工资分配、职称晋升和评价评优等重要决策的依据。这对教师而言也是一种积极的激励机制，确保他们在创业指导工作中保持高度的积极性和专业性。为了做到这一点，高校可以设立奖励基金，用于表彰在考核中表现优异的教师，提高他们的工作积极性。

四、激励机制

健全激励机制对于激发创业指导教师的积极性至关重要。高校可以从以下方面做出努力。

一是为创业指导教师提供实践平台，提升教师的理论水平和实践能力，在制度、待遇、服务等方面为教师提供支持和保障，打造高素质、专业化的“双师双能型”教师队伍。以校企协同科技创新为导向，建立创业指导教师校内外实训基地、孵化基地等，深入推进校企合作、产教深度融合，搭建创新创业项目与企业对接的平台，与企业建立人才共享机制，选派优秀的创业指导教师进入企业挂职锻炼，学校给予政策支持和待遇保障。

二是进一步鼓励创业指导教师积极指导学生在创业实践和科研成果转化方面实现突破。对于在创业指导工作中取得重大技术突破、成效及做出重大贡献的教师，高校可以在职称评审上适当给予倾斜，在评先评优时优先考虑，或给予一定的奖励和荣誉。对于指导学生参加创新创业大赛并获得奖项，或者指导学生参与创业实践并取得突出成效的教师，高校可以考虑在职称评审方面给予加分等奖励。

三是积极探索并推行薪酬激励机制，健全创业指导教师与岗位职责、工作业绩、实际贡献等紧密联系的人才分配激励机制，加大绩效杠杆激励作用，建立“多劳多得、优绩优酬”的分配体系，对表现优异的教师给予绩效奖励，充分激发创业指导教师的积极性和创造性。

四是激励教师积极指导学生参加高水平的创新创业训练项目和创新创业实践，可以通过与企业的合作实现成果转化和应用，将研究成果转化为实际生产力和社会效益。

参考文献

[1] Cantwell B，Kauppinen I. Academic Capitalism in the Age of Globalization[M]. Baltimore: Johns Hopkins University Press，2014.

[2] Renault C S. Academic Capitalism and University Incentives for Faculty Entrepreneurship[J]. Journal of Technology Transfer，2006（31）：227-239.

[3] Slaughter S，Rhoades G. Academic Capitalism and the New Economy: Markets，State，and Higher Education[M]. Baltimore: The John Hopkins University Press，2009.

[4] 韩晓昱.基于创新创业大赛的创业指导教师能力构建[J].智库时代，2019（40）：36＋38.

[5] 胡潇.教师理致的悖论——基于学术资本主义的审视[J].马克思主义研究，2016（6）：91-101.

[6] 教育部.促进高校毕业生高质量充分就业[EB/OL].[2024-07-19]. http://www.moe.gov.cn/jyb_xwfb/xw_zt/moe_357/2024/2024_zt01/mtjj/202408/t20240829_1147779.html.

[7] 李梦.协同创新视角下高校创新创业教育体系构建研究[J].吉林农业科技学院学报，2024（3）：60-63.

[8] 马一鸣，霍楷．高校创新创业教育与课程思政深度融合改革研究与实践[J]. 创新创业理论研究与实践，2023（11）：75-81.

[9] 石臣磊，李盛泽，张思佳．课程思政背景下后现代教育理论对高校创新创业教育效果影响的研究[J]. 黑龙江教育，2024（22）：55-58.

[10] 王佳，李莉．产学研合作教育模式下的创新创业教育机制构想[J]. 西部素质教育，2017，3（6）：94.

[11] 熊静．教育生态系统视角下创新创业教育校内支持体系优化研究[D]. 湘潭：湘潭大学，2021.

[12] 徐和清．指导教师对大学生创新创业训练项目层次的影响及实证研究[J]. 上海教育评估研究，2020，9（4）：52-57.

[13] 徐姗姗．新时代我国高校创新创业教育政策研究——基于2012—2022年政策文本[J]. 中国大学生就业，2023（7）：20-26.

[14] 许勋恩．高校创业指导教师能力提升路径研究[J]. 教育评论，2017（3）：114-117.

[15] 杨冬．我国高校创新创业教育政策变迁的轨迹、机制与省思[J]. 高校教育管理，2021，15（5）:90-104.

[16] 于常武，刘伟东，李苓．新经济时代高校创新创业教育内涵思考与实践[J]. 中国教育技术装备，2024（2）：149-152.

[17] 张凤娟，潘锦虹．我国高校创新创业教育政策的范式变迁及其嬗变逻辑[J]. 高等工程教育研究，2022（5）：151-156.

[18] 张志增，刘娜．黄炎培职业指导理论体系研究[J]. 教育与职业，2007（11）：11-13.

[19] 赵国靖，龙泽海，黄兆信．专创融合对高校创新创业教育绩效的影响研究——基于12596份教师样本的实证分析[J]. 浙江社会科学，2022（7）：142-151.

[20] 赵硕．第二课堂与大学生创新创业能力培养[J]. 管理工程师，2023，28（5）：76-80.

[21] 郑雅倩，杨振芳．高校创新创业教育发展的制度化困境及其超越[J]. 高教探索，2024（2）：23-30.

[22] 周楠，蒋欣灿．高等学校创新创业教育与专业教育融合的现状及策略分析[J]. 学周刊，2024（10）：1-4.

[23] 朱琛．高校创业指导教师能力提升路径及职称问题对策研究[J]. 现代经济信息，2016（18）：416.

[24] 朱家德．创新创业教育概念发展与内涵探讨[J]. 赣南师范大学学报，2024（1）：94-100.

附录

高等院校创新创业教育状况调查问卷

尊敬的老师：

您好！为了解高等院校开展创新创业教育的基本情况，我们设计了此问卷。问卷中问题的答案没有对错之分，也不会作为对您个人和学校工作的评判依据。对于您的填写结果，我们将完全保密，请您根据实际情况作答。衷心感谢您的配合与支持！

课题组

2024年7月

一、教师个人基本信息

1.您的性别是：________。

①男 ②女

2.您的年龄是：________岁。

3.您所属的学校是：________。

①“双一流”建设高校　②非“双一流”公办本科高校

③民办本科高校　　④高职高专院校

4.您的最高学历是：________。

①大学专科　②大学本科　③硕士研究生　④博士研究生

5.您目前的职称是：________。

① 助教　②讲师　③副教授　④ 教授　⑤暂无职称

6.您所属的学科是：________。

① 哲学　②经济学　③法学　④教育学　⑤文学

⑥ 历史学　⑦理学　⑧工学　⑨农学

⑩ 管理学　⑪医学　⑫军事学　⑬艺术学

7.您的行政职务是：________。

① 副科级　②正科级　③副处级

④ 正处级　⑤正处级以上　⑥暂无行政职务

8.您在高校中从事创新创业教育工作的时长是：________年。

9.您每学期参加创新创业教育类培训活动的次数是：________次。

二、创新创业教育的状况

10.您主要负责创新创业教育的________（可多选）。

①理论课教学　②实践课教学　③行政管理工作　④其他________

11.您取得过以下哪些与创新创业相关的工作成果？________（可多选）

①发表论文　②出版教材或专著　③获得专利

④创新创业课程比赛获奖　⑤主持创新创业科研项目

⑥主持创新创业教研项目　⑦其他________

12.您主持过的教研或科研项目的最高级别是（　　）。

①校级　②市级　③厅局级　④省部级

⑤国家级　⑥横向项目　⑦无

13.请根据您从事创新创业教育的实际情况，对以下说法进行选择。

说　　法	非常符合	比较符合	一般	不太符合	完全不符合
(1) 我拥有广泛的教育学背景知识					
(2) 我掌握了丰富的学科专业知识					
(3) 我对创新创业教育有着高度的认同感和热情					
(4) 我重视教师的创新创业教育理论与实践研究					
(5) 我具备较强的教学组织技能					
(6) 我注重采用体验式学习的教学方法					
(7) 我建立了分层分类的创新创业教育课程体系					
(8) 我具备将创新创业教育融入专业教育的意识					
(9) 我建立了与专业结合的创新创业教育课程群					
(10) 我建设了创业类慕课、案例库等在线开放课程资源					
(11) 我编写了满足学生多样化学习需求的创新创业教材					
(12) 我具备坚韧的创业意志和较强的创业精神					
(13) 我掌握了丰富的创业知识					
(14) 我掌握了丰富的风险投资知识					
(15) 我具备较强的创业机会识别技能					
(16) 我具备较强的创业机会开发技能					
(17) 我注重专业课程和创新创业教育的深度融合					
(18) 我能结合学校的专业和学科特色开展创新创业教育					
(19) 我的家庭具有广泛的创业社会资源					
(20) 我认为自己具备充分的知识、技能和经验开展创业活动					
(21) 我具备较强的创业实践指导技能					
(22) 我具备管理、运营和协调创业项目的能力					
(23) 我有创业经历					
(24) 我与学生合作开展创客空间活动、创新实验、论文写作、专利研究和自主创业等活动					

续表

说　　法	非常符合	比较符合	一般	不太符合	完全不符合
（25）我带领学生进行创新创业					
（26）我积极参与创新创业教育教学研究项目					
（27）我积极参与和创新创业教育相关的专业培训					

14.请根据您了解的学校在创新创业教育方面的相关政策，对以下说法进行选择。

说　　法	非常符合	比较符合	一般	不太符合	完全不符合
（1）本校将创新创业教育与专业教育相融合					
（2）本校编有满足学生多样化学习需求的创业教材					
（3）结合学校的专业学科特色开展创业教育					
（4）本校鼓励创业指导教师提升学历继续深造					
（5）本校为创业指导教师专业发展做了科学的职业生涯规划					
（6）本校重视创业指导教师的创新创业教育理论水平提升与实践训练					
（7）本校鼓励创业指导教师到企业进行挂职锻炼，积累更多的创业经验					
（8）本校重视创新创业教育，有相关工作领导小组					
（9）本校有系统的创新创业教育发展专项规划					
（10）本校成立了专门的创业管理部门（如创业学院）					
（11）本校已配备创新创业教育师资和专职管理人员					
（12）本校创业学院有专门的办公、实践场地，具备良好的软环境					
（13）本校二级学院的考核包含创新创业教育业绩指标					
（14）本校制定了专业教师参与创新创业教育教学的激励机制					
（15）本校强调跨学院或跨学科的创新创业教育合作机制					

续表

说　　法	非常符合	比较符合	一般	不太符合	完全不符合
(16) 本校鼓励教师基于创新的创业或高端技术的创业					
(17) 本校积极落实各级政府出台的创业支持政策					
(18) 本校有充足的创新创业教育工作经费					
(19) 本校大学生创业园或众创空间有良好的运行机制					
(20) 本校有相对独立的针对创业指导教师的职称晋升机制					

15.请根据您自身参与创新创业教育的实际体会，对提升教师创新教育的综合能力提出宝贵建议。

____

____

____

____